초등학교 선생님이 함께 모여 쓴
한국사 이야기 1

초판1쇄 발행 2003년 7월 1일
3판19쇄 발행 2024년 10월 10일

글쓴이 | 초등역사교사모임
그린이 | 이육남 · 이현진
펴낸이 | 우종갑
펴낸곳 | 늘푸른아이들
주소 | 서울시 도봉구 도봉로 137길 55, 202호(쌍문동 한신스마트빌)
전화 | 02-922-3133
팩스 | 02- 6016-9815
홈페이지 | www.greenibook.com
출판등록 | 2002년 9월 5일 제16-2840호

ISBN 978-89-90406-79-8 74910
　　　 978-89-90406-91-0(세트)

잘못된 책은 바꾸어 드립니다.
이 책에 실린 내용과 사진을 무단전재와 복제를 금합니다.

KC
제품명 : 한국사 이야기 1 | 제조자명 : 늘푸른아이들 | 제조국명 : 대한민국
전화번호 : 02-922-3133 | 주소 : 서울특별시 도봉구 도봉로 137길 55, 202호
제조년월 : 2024년 10월 | 사용 연령: 10세 이상
*KC마크는 이 제품이 공통안전기준에 적합하였음을 의미합니다.

초등학교 선생님이 함께 모여 쓴

한국사 이야기

초등역사교사모임 지음
이육남 · 이현진 그림

1 첫 나라에서 고려 건국까지

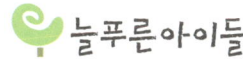
늘푸른아이들

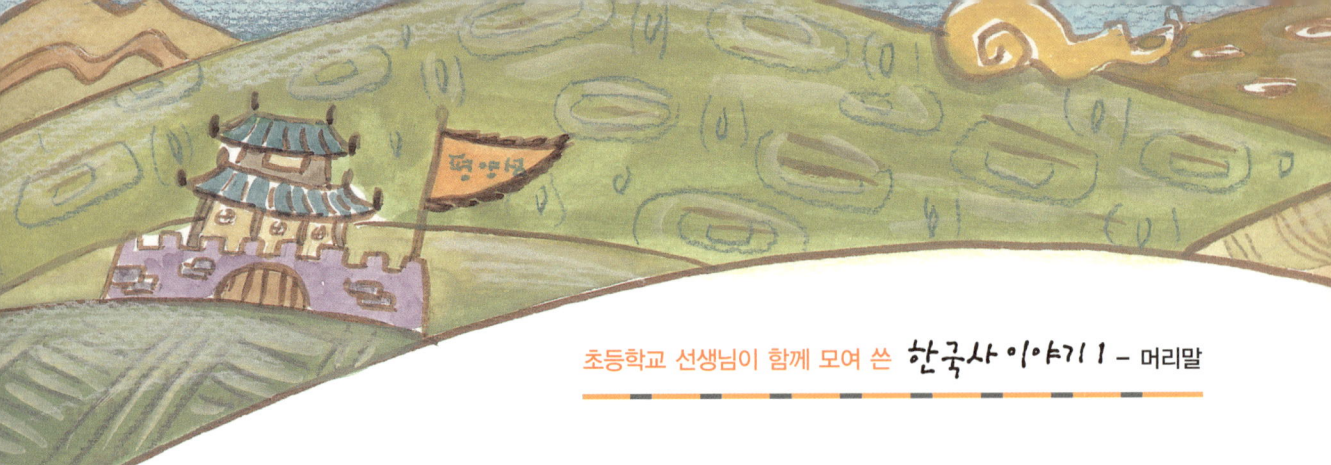

초등학교 선생님이 함께 모여 쓴 한국사 이야기 1 - 머리말

우리가 역사를 배워야 하는 3가지 이유

첫째, 역사는 세계를 이끄는 지혜다.

세계를 움직이는 나라에서는 어린이들에게 제일 먼저 그 나라 역사를 가르친다고 합니다. 그것은 단순히 역사가 재미있는 읽을 거리이기 때문이 아닙니다. 역사는 읽는 순간부터 상상력을 자극하여 감성을 풍부하게 만들고, 역사적 사건에 대한 옳고 그름을 판단하게 하여 논리력을 길러 주고 추리력을 증진시켜 주기 때문입니다. 그런 이유로 '역사는 미래의 등불' 이라는 말도 있습니다. 어린 나이부터 역사책을 읽으면 상상력과 판단력, 추리력이 풍부해져 세계 문화를 선도하고, 앞서 나가는 인재로 자라기 때문입니다. 우리나라의 미래가 밝은 것은, 바로 우리가 그 어느 나라보다 긴 5천 년의 역사를 가졌기 때문입니다.

둘째, 역사로 논리력을 키운다.

역사는 논리력을 키우는 가장 좋은 지식입니다. 세상의 어떤 일이든 그 일이 일어난 데는 이유가 있고, 순서가 있습니다. 논술이란, 바로 그러한 '이유'와 '순서'에 따라 글을 쓰는 것이지요. 그래서 역사를 읽는 것만으로도 자연스럽게 논술 공부가 됩니다. 어떤 공부든 억지로 하는 것보다 자연스럽게 하는 것이 더 빨리 익혀지지요. 이것이 역사를 공부해야 하는 또 하나의 이유입니다. 역사를 읽고 스스로 원인을 파악하고, 판단을 내려 보고, 미래를 예측해 보는 과정에서 우리는 우리도 알지 못하는 사이에 논리력이 자라고 있음을 발견하게 됩니다.

셋째, 역사는 나를 지키는 힘이다.

각종 미디어와 기술의 발달로 우리는 넘치는 정보의 홍수 속에서 살고 있습니다. 그러나 흡수할 수 있는 정보량이 늘어난 만큼 잘못된 정보도 여과 없이 흡수되기도 합니다. 우리가 역사를 배워야 하는 마지막 이유는 바로 우리의 뿌리를 지키기 위해서입니다. 현재 일본의 왜곡된 역사 교과서, 중국의 고구려사 왜곡 등은 우리가 우리의 역사를 제대로 알고 논쟁을 벌여야 할 것들입니다. 만약 그대로 그들의 억지 주장을 묵인한다면 세계는 잘못된 역사를 사실로 인정하며 우리의 반만년 역사를 중국 또는 일본의 것으로 치부할 것입니다. 어느 날 갑자기 잘못된 역사에 의해 내가 중국인이, 일본인이 될 수도 있다는 것이지요. 역사는 바로 나의 정체성을 찾아 주는 힘입니다.

초등역사교사모임

초등학교 선생님이 함께 모여 쓴 한국사 이야기 1 - 차례

선생님과 역사 읽기 - 역사, 알고 시작해야죠. • 020

하늘에서 시작된 고요한 아침의 나라 • 026

저기요, 선생님! 이런 게 궁금해요. • 032
최초의 나라 이름이 '조선'이라고요?
환웅이 세운 나라는 지금의 어디인가요?
호랑이는 왜 사람이 되지 못했지요?
참성단의 모양이 궁금해요

선생님과 역사 읽기 - 옛날에는 무엇을 먹었을까? • 034

크고 위대한 나라 고구려 • 036

저기요, 선생님! 이런 게 궁금해요. • 044
'고구려'라는 이름은 어떻게 지었나요?
고구려가 정말 돼지 때문에 도읍을 옮겼나요?
고구려 벽화만 봐도 고구려를 알 수 있다고요?
나라를 버리고 사랑을 택한 낙랑 공주

버림받은 형제, 한강의 주인이 되다 • 048

저기요, 선생님! 이런 게 궁금해요. • 052
부족 100개가 모여 만든 나라가 백제인가요?
삼국 중 농업이 가장 발달한 나라는 어디인가요?

알에서 태어난 아이들이 세운 나라 • 054

저기요, 선생님! 이런 게 궁금해요. • 060
우리나라에는 몇 개의 성씨가 있을까요?
신라 임금님을 부르는 이름
삼국은 왕을 부르는 이름이 같았나요?

거북의 노래와 여섯 개의 알 • 062

저기요, 선생님! 이런 게 궁금해요. • 068
왜 삼국 안에 가야는 없나요?
철의 나라 가야
청동기에서 철기로

선생님과 역사 읽기 – 신화를 찾아서 • 070
선생님과 역사 읽기 – 옛날 사람들은 어디서 살았나요? • 072

거대한 고구려와 싸워 이긴 근초고왕 • 078

저기요, 선생님! 이런 게 궁금해요. • 086
중국까지 세력을 뻗친 해상 국가 백제
왜나라 문화의 아버지는 우리나라?

대륙의 주인이 된 광개토대왕 • 088

저기요, 선생님! 이런 게 궁금해요. • 094
세상을 호령한 광개토대왕
광개토대왕릉비에 남겨진 우리의 역사

도망치는 백제 • 96

저기요, 선생님! 이런 게 궁금해요. • 106
삼국 중에 공예 기술이 가장 발달한 나라는 어디인가요?
의자왕의 삼천 궁녀 이야기가 사실인가요?

신라를 강한 나라로 만들 수만 있다면 • 108

저기요, 선생님! 이런 게 궁금해요. • 118
우리나라 최초의 여왕은 누구일까요?
신라의 화랑 제도
이땅은 신라 땅! 순수비를 세운 진흥왕

흰 피가 흐르고 새로운 믿음이 생기다 • 120

저기요, 선생님! 이런 게 궁금해요. • 126
불교의 전파
절 안에 왜 탑을 세울까요?
수화를 하는 부처님

선생님과 역사 읽기 – 우리 조상들의 믿음을 찾아서 • 128

고구려의 위대한 전쟁 • 132

저기요, 선생님! 이런 게 궁금해요. • 148
수나라의 대군은 왜 고구려 정복에 실패했나요?
'청야 전술'은 무엇인가요?
고구려의 마지막 도읍지

한반도의 진정한 주인은 누구인가 • 150

저기요, 선생님! 이런 게 궁금해요. • 164
아차산성 이름의 유래
어떻게 물속에 무덤을 세웠나요?

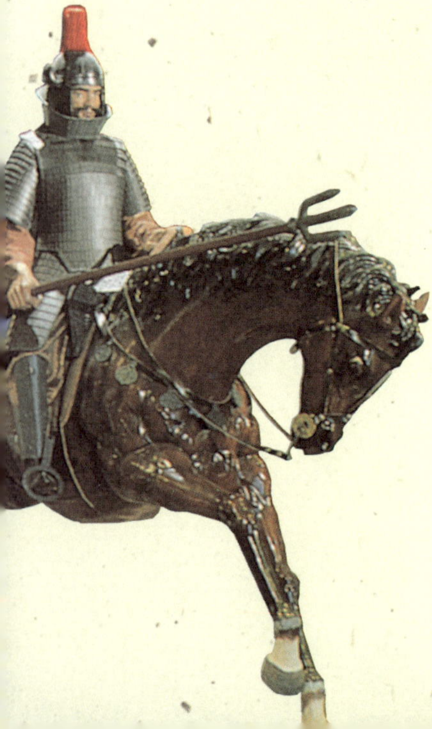

신라, 천 년의 발자취 · 166

저기요, 선생님! 이런 게 궁금해요. · 184
석굴암의 비밀
신라는 '황금의 나라'?
첨성대에서는 무엇을 했나요?
포석정의 쓰임새를 알려 주세요.

바다의 주인 장보고 · 188

선생님과 역사 읽기 – 숫자와 동물의 의미 · 194

고구려의 대를 이은 발해 이야기 · 200

저기요, 선생님! 이런 게 궁금해요. · 206
발해 사람들은 무엇을 먹었을까요?
발해 최고의 옷는 무엇으로 만들었을까요?
고구려를 계승한 발해의 집
놀이로 전쟁을 준비한다고요?

두 번째 통일을 이루어 낸 왕건 · 208

저기요, 선생님! 이런 게 궁금해요. · 218
29명의 부인을 둔 왕건
왕건도 풍수지리설에 따라 왕이 되었다는데 과연 풍수지리설이란 무엇인가요?

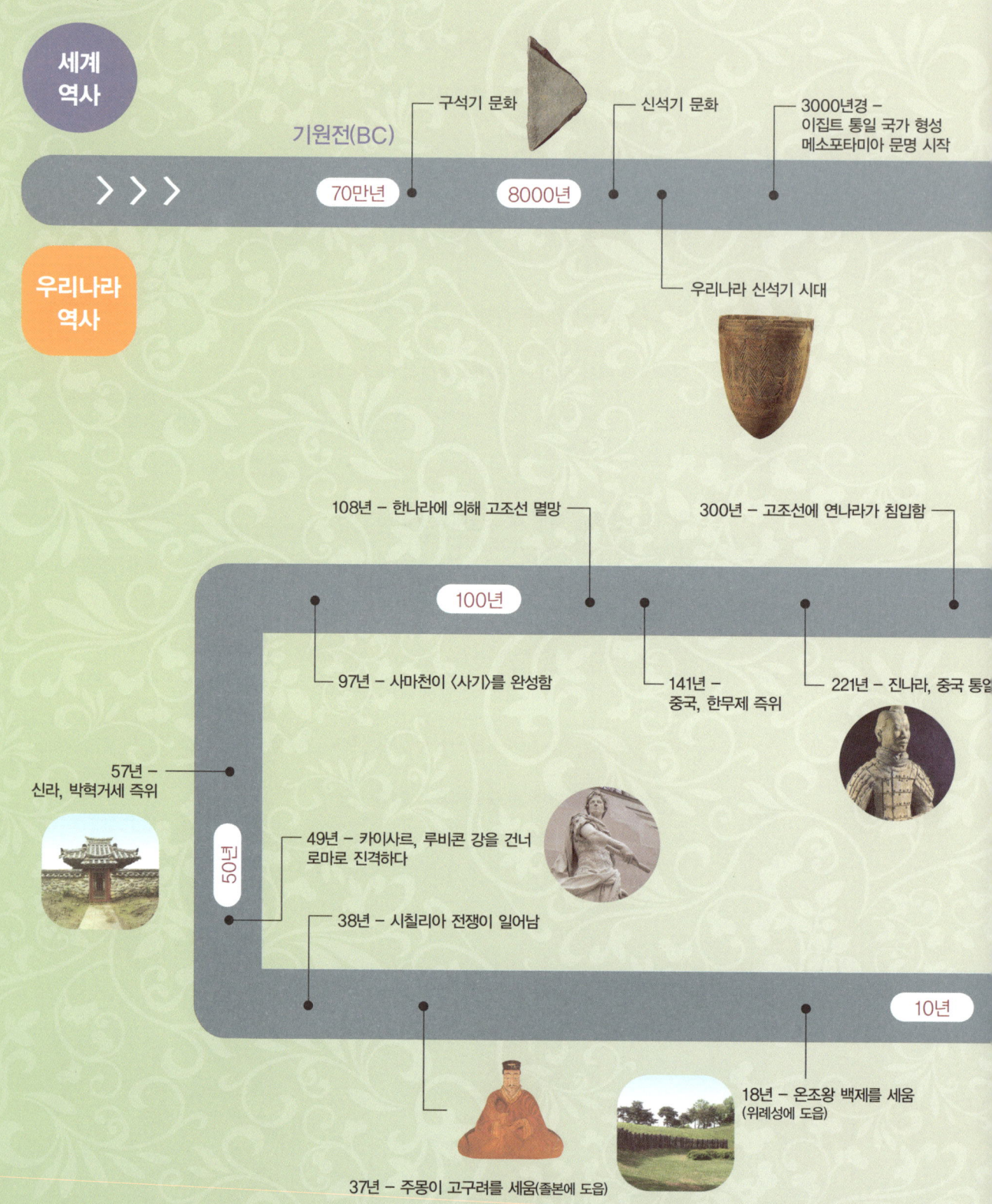

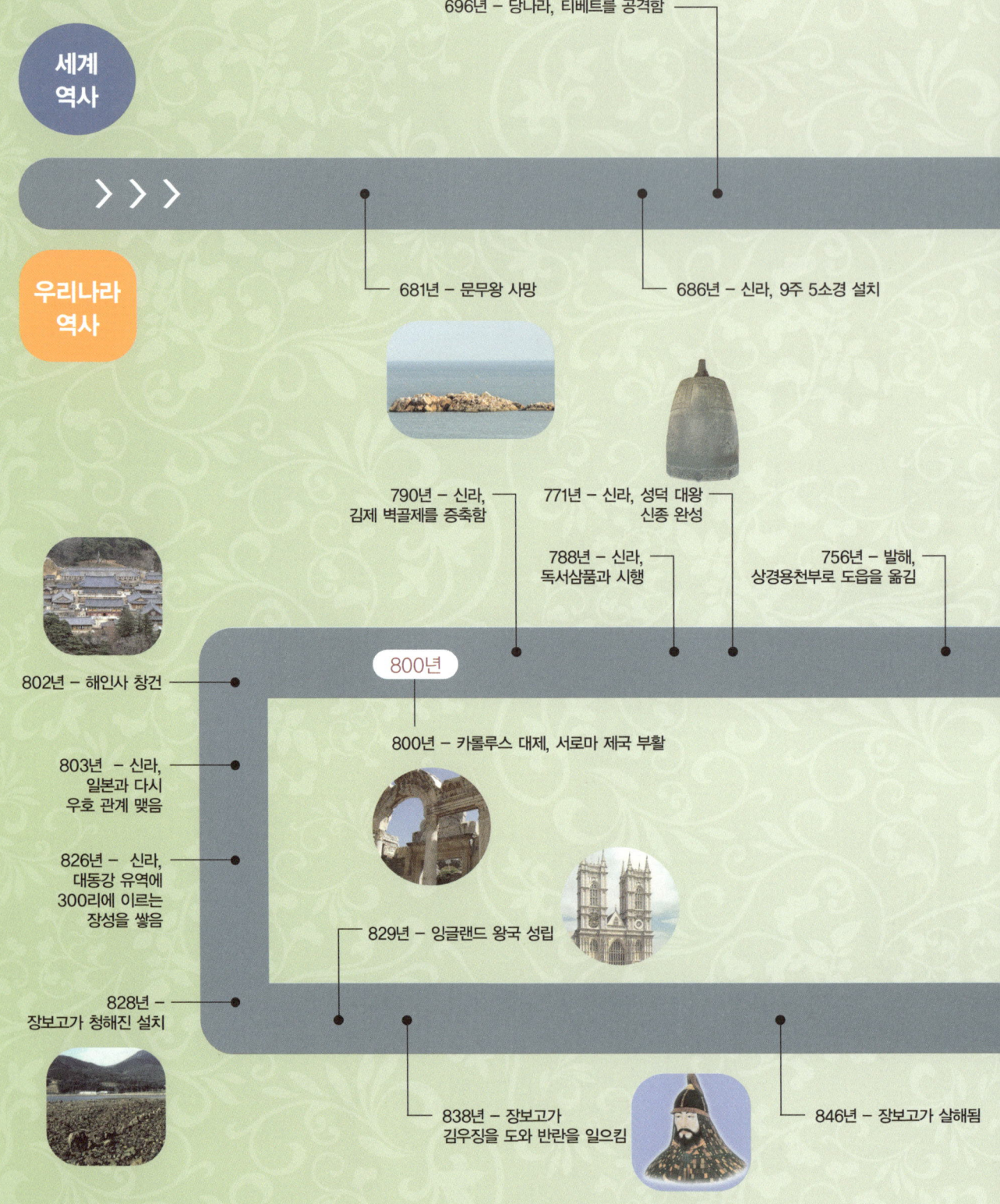

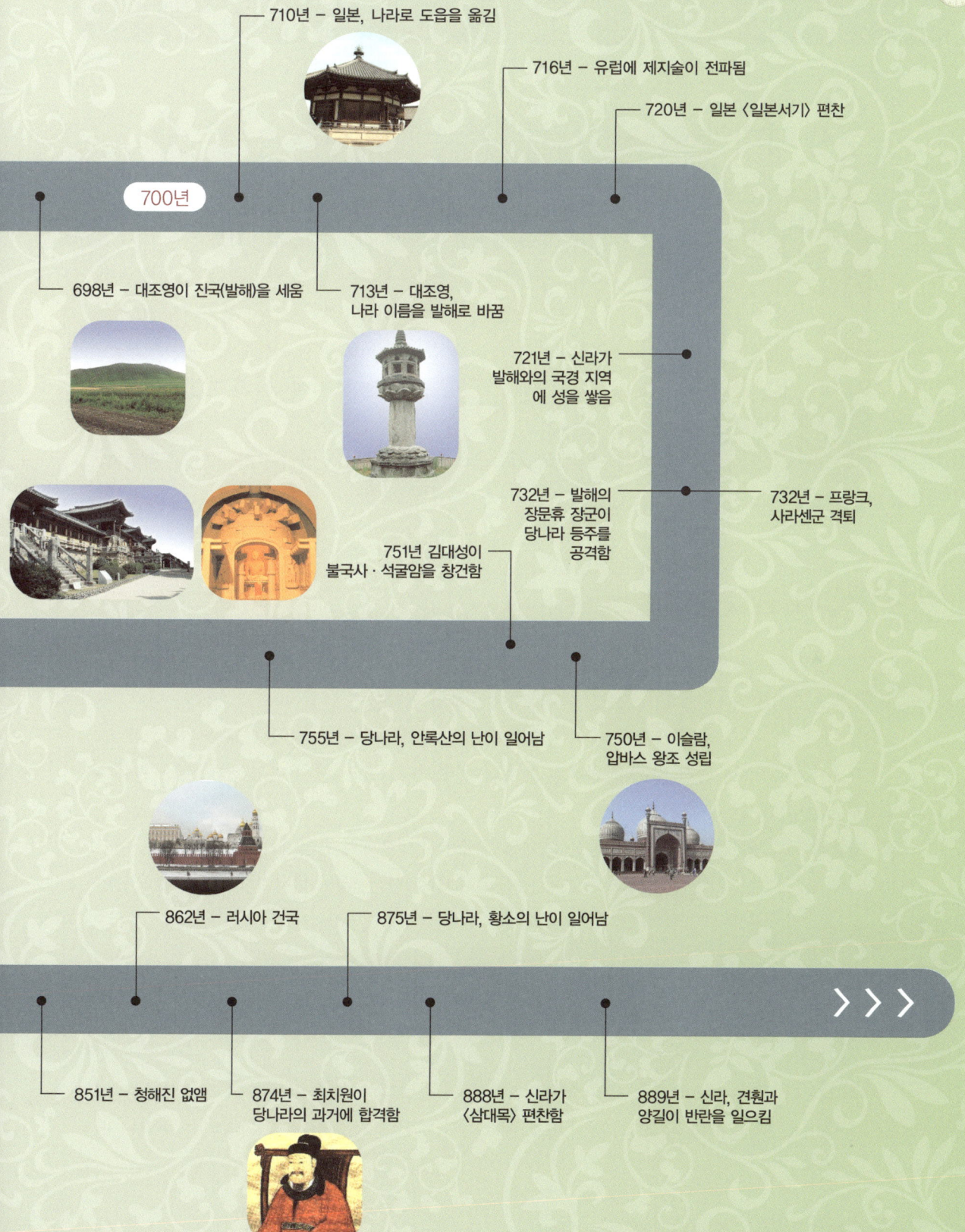

선생님과 역사 읽기 ••• 역사, 알고 시작해야죠

선사 시대와 역사 시대를 나누는 기준

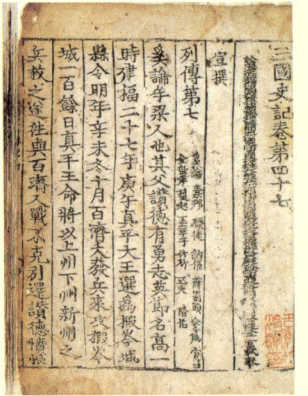

삼국 시대의 역사를 기록해 놓은 〈삼국사기〉

역사책을 뒤적이다 보면 가끔 '선사 시대', '역사 시대'란 말이 나올 거예요. 무엇을 가지고 나누는 걸까요?
바로 글이랍니다. 선사 시대는 말은 있었으나 글이 없었던 시대를 말하고, 반대로 역사 시대는 글이 생겨나서 조상들이 사는 모습을 직접 기록으로 남긴 시대를 말하는 거죠.
그럼 여러분의 역사 시대를 잘 장식하려면 어떻게 해야 할까요?
맞아요. 기록으로 남겨야 하니까 일기를 잘 써야 할 거예요.

BC와 AD

자, 그렇다면 BC와 AD에 대해서 알아보죠. BC는 '기원전'을 말하고, AD는 '기원후'를 뜻해요. '기원'이란 게 뭐냐고요? 이 말은 서양에서 역사를 구분할 때 쓰는 말이랍니다. 서양 사람들은 예수님의 탄생을 매우 중요하게 생각해서 예수님이 태어난 때를 기준으로 역사를 구분했어요. 다시 말해 기원전은 예수님이 태어나기 전이란 뜻이고, 반대로 기원후는 예수님이 태어난 후를 말하는 거죠.
예를 들어 '기원전 2세기'라는 말은 예수님이 태어나기 2세기 전이라는 뜻이에요. 참, 여기에서 '세기'란 100년을 단위로 하는 말이에요. 1~100년까지를 1세기라고 해요. 왜 오늘날을 21세기라고 부르는지 알겠죠?

달력

우리가 지금 쓰는 2010년은 서양 달력으로 계산한 거랍니다. 정확히 말하면 서기 2010년이란 뜻이죠. 더 정확히 말해 볼까요? 바로 예수님이 태어난 지 2010년이 되었다는 뜻입니다.

그렇다면 우리 달력으로는 몇 년일까요? 우리나라는 단군이 태어난 때를 기준으로 역사를 나누었답니다. 이때 '단기'라는 말을 쓰는데, 단기 1년은 서기로 기원전 2333년에 해당된답니다. 단군 할아버지가 예수님보다 2333년 먼저 태어나셨단 뜻이죠.
자, 그럼 마무리 퀴즈~! 2010년은 단기로 몇 년일까요?
바로 2333년 + 2010년 = 단기 4343년이랍니다. 기원전 몇 세기 어쩌고 저쩌고~. 이제 이런 말이 나와도 언제를 말하는 건지 척척 알아낼 수 있겠죠?

선사 시대와 청동기·철기 시대의 도구

선사 시대란, 보통 구석기 시대와 신석기 시대를 말하지요. 이때는 보통 돌을 깨거나 갈아서 생활에 필요한 도구를 만들어 썼어요. 물론 박물관에서 볼 수 있는 이런 도구들은 아주 단순해서 얼핏 하찮게 생각되기도 합니다. 하지만 이러한 도구들은 당시 사람들에게 아주 큰 변화를 일으켰답니다.
도구를 사용했던 시기에 따라 구석기, 신석기, 청동기, 철기 시대로 나누어 살펴볼까요?

선사 시대의 생활 모습을 보여주는 모형

▶ **선사 시대의 도구들**

주먹 도끼

긁개

간돌도끼

구석기 시대에는 큰 돌을 때려서 잘라 내거나 가장자리를 깨트려 주먹 도끼, 긁개, 밀개 등의 도구로 사용했어요. 이 당시 사람들은 먹을 것을 스스로 생산할 줄 몰라 주변의 나무 열매를 따서 먹거나 짐승, 물고기 등을 잡아먹고 살았죠. 하지만 이런 방법으로 먹고 살기는 여간 어려운 것이 아니어서 먹을 것을 찾아 여기저기 떠돌아다녔어요.

신석기 후기까지 떠돌이 생활을 하던 사람들은 자기가 먹고 버린 열매의 씨앗에서 싹이 나는 것을 보고 농사짓는 법을 터득하게 되었어요. 이 시대에는 돌을 갈아서 돌괭이, 돌삽, 돌보습, 돌낫 등의 농기구를 만들어 사용했지요. 사람들은 기장, 피, 조 같은 작물을 길러 먹으면서 더 이상 떠돌아다니지 않고 한곳에 살게 됐답니다.

석기 시대에 이어 구리와 주석을 섞어 만든 청동기 시대로 접어들면서 콩, 수수, 보리와 같은 재배 작물이 늘어나고 벼농사도 시작되었어요. 이제 채집과 사냥보다는 농사가 훨씬 더 중요한 일이 되었죠. 이 당시 여자들은 주로 집 안에서 아이를 돌보고 곡식을 다루는 일을 했고, 농사와 목축 같은 일은 주로 남자들이 했어요. 차츰 도구와 기술이 발달하면서 생산량이 늘자 남자들이 사회의 주도권도 잡기 시작했어요.

농사로 수확한 곡식을 관리하면서 개인 재산이 생겨났고 그것을 자기 자식에게 물려주었지

▶ **청동기 시대의 도구들**

청동 거울   청동 도끼   비파형 동검

▶ **철기 시대의 도구들**

철제 빗   철제 갈고리   철제 칼

요. 점점 농업 생산량의 차이가 커지면서 부자와 가난한 사람이 구분되기 시작했고, 신분과 계급의 차이도 생겨났어요.

청동기에 이어 철기가 널리 보급되면서 농업 생산력은 더 크게 발전했어요. 또 철제 무기를 만들면서 자기의 영토를 넓히기 위한 전쟁이 많아졌죠. 이러한 과정에서 더 큰 힘과 풍부한 경제력을 가진 강력한 지배층이 생겼어요. 지배층은 쉽게 지배하기 위해 질서와 규칙을 만들었고 여러 가지 기구도 조직했지요. 비로소 고대 국가로 발돋움 할 수 있는 기틀이 하나씩 갖추어지기 시작한 거예요.

빗살무늬 토기 이야기

신석기 시대에 사용된 것으로 전해지고 있는 빗살무늬 토기는, 이전까지 사용하던 덧무늬 토기에 비해 훨씬 아름다운 외관을 지니고 있답니다. '빗살무늬 토기'는 지방에 따라 조금씩 다르지만, 바닥이 뾰족하고 균형 잡힌 형태를 하고 있지요.

토기 겉면에 새겨진 빗살무늬는 동물의 뼈로 무늬를 내었거나 이 무늬를 넣기 위해 무늬 새기개를 따로 만들었을 것이라 추측하고 있답니다. 특히 우리나라의 빗살무늬 토기는 짧은 줄을 한쪽 방향으로 무늬를 내거나 방향을 엇바꾸면서 무늬를 낸 것이 특징입니다. 마치 물고기 뼈처럼 말이죠. 이러한 토기는 그 크기와 모양에 따라 용도가 달랐을 거라고 추측하고 있어요. 큰 것은 저장용으로, 작은 것은 취사용으로 말이에요.

그렇다면 빗살무늬 토기의 바닥은 왜 뾰족할까요? 여기에는 두 가지 가정이 있답니다. 우선 토기를 땅바닥에 반쯤 묻어 두기 위한 것이라는 설이지요. 움집 바닥에 토기를 놓아 두면 바닥이 고르지 못해 자주 넘어지고 내용물이 쏟아져서 아예 땅을 파서 반쯤 묻었기 때문이라는 거예요. 두 번째는 기술적 한계 때문입니다. 당시 신석기인들의 기술로 토기를 만들려

덧무늬 토기

빗살무늬 토기

민무늬 토기

면 테쌓기식으로 만들어야 하는데, 테쌓기식이란, 점토를 일정한 굵기로 굴려서 따리 모양으로 한 단씩 쌓아올리는 것을 말해요. 그래서 위쪽이 더 넓어지는 방식으로 만들 수밖에 없다는 것입니다.

고인돌은 어떻게 만들었을까?

고인돌은 청동기 시대에서 초기 철기 시대에 이르는 동안 유행한 지배 계급의 무덤이에요. 특히 우리 한반도에 고인돌이 집중되어 있는데, 전남 지방의 경우 5천여 개가 훨씬 넘는 고인돌이 발견되었다고 해요.

고인돌의 크기와 모양은 다양한데, 이것은 당시 부족 사회를 다스리던 군장의 힘에 따라 달랐지요. 크기가 클수록 그 무덤 주인의 힘이 강했다는 걸 알 수 있죠.

예를 들어 강화도 부근리의 고인돌은 뚜껑의 무게만 해도 40톤이 넘어서 요즘으로 따지면 대형 화물 트럭이 10대나 필요할 정도랍니다. 사람이 옮기자면 힘 센 장사 500명은 있어야 했죠. 그런데 옛날에 어떻게 올렸냐고요?

▶ **고인돌 만드는 방법**

❶ 미리 판 구덩이에 받침돌을 세운다.

❷ 작은 돌로 받침돌 주변을 채워 고정시킨 후, 기둥이 파묻힐 때까지 흙을 쌓는다.

❸ 위에 올릴 돌을 옮긴다. 이때 둥근 나무를 바닥에 깔아 여럿이 잡아당긴다.

❹ 돌을 받침돌 위에 올린 뒤 흙을 걷어 낸다.

한편 고인돌의 모양은 지역에 따라 크게 북방식과 남방식으로 나뉘어요. 북쪽 지역에서 주로 발견되는 북방식 고인돌은 앞에서 설명한 고인돌로, 4개의 받침돌 위에 뚜껑돌을 올린 형태예요.
반면 남쪽 지역의 남방식 고인돌은 땅 밑에 판돌이나 깬 돌을 깔아 시체를 넣고 그 위에 뚜껑 돌을 올려 높이가 낮았어요. 모양에 따라 북방식 고인돌은 탁자형이라고 하고, 남방식 고인돌은 바둑판식 또는 기반식이라고 부른답니다.

▶ 여러 가지 고인돌의 모습

강화도의 북방식 고인돌

남방식 고인돌

고인돌을 만들기 위해 큰 돌을 옮기는 모습(모형)

하늘에서 시작된 고요한 아침의 나라

하늘의 아들 환웅은 하늘의 뜻을 받들어 풍백·운백·운사와 삼천 명의 무리를 이끌고 땅으로 내려와 백성들을 다스립니다. 얼마 후, 환웅은 웅녀와 혼인하여 아이를 낳는데, 그 아이가 바로 고조선을 세운 단군입니다.

 천부인

〈삼국유사〉에 따르면 환인이 환웅에게 '하늘이 내린 사람'이라는 표식으로 천부인을 주었다고 해요. 천부인은 청동검·청동 거울·청동 방울의 3가지로 추측되고 있습니다.

○ 단군상

기원전 2333년, 어느 날이었습니다. 하늘의 임금, 환인은 아들들을 모두 불러 모아 놓고 물었습니다.

"아들들아, 지금 땅에는 어진 백성들이 모여 살고 있는데 누가 저 아래로 내려가 백성들을 다스려 보겠느냐?"

"제가 내려가 백성들을 다스리겠습니다. 동쪽 땅 끝에 슬기롭고 착한 백성들이 모여 산다고 들었사옵니다. 그곳에 나라를 세우면 장차 그 어떤 나라보다 크고 훌륭한 나라가 될 것이옵니다."

환인의 물음에 대답한 것은 환웅이었습니다. 환웅은 다른 형제들보다 사람들의 세상에 관심이 많았습니다. 환인은 그런 환웅에게 천부인 세 개를 주었습니다. 천부인은 하늘이 내린 임금의 표식이었습니다.

환웅은 곧 천부인을 받아 들고 3천 명의 무리와 함께 땅으로 내려왔습니다. 그 뒤를 풍백·우사·운사가 따랐습니다. 풍백과 우사와 운사는 각각 바람과 비와 구름을 다스리는 신이었습니다.

환웅이 이들과 함께 처음 발 디딘 곳은 태백산 꼭대기였습니다. 그곳 '신성한 도시, 마을'이라는 뜻의 신단수 아래에서 환웅은 백성들을 향해 말했습니다.

"백성들은 들어라. 나는 환인의 아들 환웅이다. 하느님의 명을 받고 그대들을 다스리러 왔노라."

환웅의 말에 수많은 백성들이 절을 하며 무릎을 꿇었습니다.

환웅은 곧 사람들이 모인 그곳을 신성한 도시, 마을이라는 뜻으로 '신시'라 부르고 백성들을 다스리기 시작했습니다.

풍백과 우사, 운사는 백성들이 농사를 잘 지을 수 있도록 때를 맞추어 바람을 불게 하고, 구름을 모아 비를 내리게 하였습니다. 또한 환웅은 곡식뿐만 아니라 질병이나 형벌, 선과 악 같은 인간 세상의 일 360여 가지를 직접 다스렸습니다.

그러던 어느 날이었습니다. 신시에서 그리 멀지 않은 곳에 호랑이 한 마리와 곰 한 마리가 살고 있었습니다. 사람이 되는 것이 소원이었던 이 두 동물이 환웅을 찾아왔습니다.

✅ **농사**

사람들은 자신이 열매나 곡식 따위를 먹고 버린 장소에서 같은 식물이 다시 자란다는 사실을 터득했어요. 그리고 농사가 시작되었지요. 유물을 통해 당시 사람들은 돌괭이를 사용해 밭을 갈고, 돌낫으로 곡식을 수확했음을 알 수 있었어요. 이러한 농업의 시작은 '신석기 혁명'이라고도 불러요.

✅ **신시**

《삼국유사》에 나오는 신시는 환웅이 백성들을 거느리고 세운 최초의 도시이자, 고조선의 건국지를 말합니다. 이곳은 기록상에 나온 곳으로 지금은 어느 곳인지 추측만 하고 있을 뿐입니다.

✓ 삼칠일

아기가 태어난 지 7일이면 초이레, 14일이면 두이레, 21일이면 세이레라 하여 행하는 풍습이 있어요. 세 번째 칠일이 되는 21일까지는 친척이나 이웃의 출입을 금하다가 세이레가 지나면 다음날 새벽에 삼신할머니에게 흰밥과 미역국을 올리고 금줄을 내려 친척과 손님을 모시지요.

"환웅님, 저희는 사람이 되고 싶습니다. 부디 뜻을 이루게 해 주시옵소서."

그러자 환웅은 호랑이와 곰에게 각각 쑥 한 타래와 마늘 스무 톨을 주며 단단히 일렀습니다.

"곰과 호랑이는 들어라. 너희가 사람이 되기 위해서는 백일 동안 햇볕이 들지 않는 곳에서 이 마늘과 쑥만 먹고 살아야 한다. 백일을 참고 견디고 나면 틀림없이 사람이 될 것이니라."

그 말에 곰과 호랑이는 기뻐하며 햇볕이 들지 않는 굴 속으로 들어갔습니다.

며칠 동안 호랑이와 곰은 잘 참아 냈습니다. 어떻게 해서든지 사람이 되고 싶었기 때문이었습니다. 하지만 시간이 지날수록 호랑이는 견디기 어려웠습니다. 매캐하고 씁쓸한 마늘과 쑥만 먹으니 헛구역질만 나왔고, 무엇보다 배가 차지 않아 늘 허기가 졌습니다.

"쳇! 이런 것만 먹고 어떻게 견디란 말이야!"

결국 호랑이는 오래지 않아 굴을 뛰쳐나오고 말았습니다. 그러나 곰은 끝까지 참아 냈습니다. 쑥과 마늘만 먹는다는 것이 쉬운 일은 아니었지만 사람이 되기 위해서 그 정도는 참아야 한다고 생각했습니다. 마침내 곰은 삼칠일(21일)만에 사람이 되었습니다. 아름답고 예쁜 처녀가 되었지요. 그 처녀의 이름은 웅녀였습니다.

그런데 웅녀에게는 소망이 또 한 가지 있었습니다.

'아아, 나에게 예쁜 아기가 있다면 얼마나 좋을까?'

혼자서 지내기가 몹시 외롭고 적적했던 웅녀는 날마다 하늘을 향해 두 손을 모으고 빌고 또 빌었습니다.

환웅은 이런 웅녀의 마음을 헤아리고 있었습니다. 환웅은 곧 씩씩한 도령의 모습으로 변해 웅녀와 혼인했습니다.

오래지 않아 웅녀는 씩씩하고 믿음직한 사내아이를 낳았습니다. 그 아이가 바로 단군이었습니다.

단군은 무럭무럭 자라 아사달에 새 나라를 세웠습니다.

"이 나라의 이름을 조선(朝鮮)이라 하겠노라."

고조선은 그렇게 탄생되었습니다. 조선은 '조용한 아침의 나라' 라는 뜻이었습니다.

단군은 곧 '8개조의 법'을 만들어 세상에 알렸습니다.

이 '8개조의 법'이 우리 민족 최초의 법률입니다. 고조선은

정족산성

이 성이 세워진 시기에 대해 정확한 기록이 남아 있지 않지만 전설에 의하면 단군의 세 아들이 쌓았다하여 삼랑산성 또는 정족산성이라고 부릅니다. 마니산의 책 보관소에 있던 〈조선왕조실록〉이 옮겨 와 보존되어 있으며, 성 안에는 병인양요 때 프랑스군에 승리한 양헌수 승전비가 있습니다.

정족산성

첫째, 사람을 죽인 자는 그 자 또한 죽여서 다스리리라.
둘째, 남을 다치게 한 자는 곡식으로 배상을 해야 한다.
셋째, 도둑질을 한 자는 그 집의 노예가 될 것인데, …

✔ 농경문 청동기

아래 사진은 농사짓는 모습이 새겨진 농경문 청동기입니다. 단군이 날씨와 관련 된 풍백, 우사, 운사 등을 데리고 왔다는 것은 그만큼 우리에게 농사가 중요했다는 것을 보여 주는 것입니다.

고대 국가이면서 법으로 나라를 다스리는 법치 국가였던 것입니다. 법금 8개 중 다섯 가지 내용은 전해지지 않습니다.

그 뒤 단군은 1500년 동안 나라를 다스렸습니다.

그리고 1908세가 되어 아사달 깊은 골짜기로 들어가 산신령이 되었다고 합니다.

단군왕검이 천 년을 넘게 살았다고요?

우리가 흔히 부르는 단군이라는 명칭이 사실은 이름이 아니라는 걸 알고 있나요?

단군은 신에게 제사를 지내는 제사장을 뜻하는 말로 사람의 이름을 나타내는 말이 아니에요. 그리고 단군이라고 줄여 부르는 것도 정확하지 않아요. 원래는 임금님을 뜻하는 왕검을 붙여 단군 왕검이라고 불러야 해요. 그러니까 단군 왕검은 제사장의 역할은 물론이고 왕의 역할까지 함께 맡고 있는 직책을 뜻해요. 당시에는 제사를 맡는 관리가 따로 있지 않았기 때문에 임금이 그 역할까지 맡았지요.

한 명의 단군 왕검이 죽으면, 또 다른 단군 왕검이 뒤를 이었어요. 단군왕검이 1908세를 살았다는 비밀이 이제 풀렸지요? 한 명의 단군왕검이 아니라 단군왕검이라는 직책이 무려 1908년 동안 이어져 내려왔다는 거예요.

홍익인간

우리나라의 건국이념은 '홍익인간' 이에요. '홍익인간'은 널리 인간을 이롭게 한다는 뜻이며, 여기서 인간은 세상의 모든 인간을 말하는 것이에요. 이것은 고조선의 시조인 단군이 인간 세상을 널리 이롭게 하기 위해 나라를 세워 다스린다는 데서 시작되었지요.

이를 바탕으로 우리나라 민주 헌법에는 교육법의 기본 정신을 이렇게 담았어요.

"교육법 제1조 교육은 홍익인간의 이념 아래 모든 국민으로 하여금 인격을 완성하고 자주적 생활 능력과 공민으로서의 자질을 지녀 민주 국가 발전에 봉사하며 인류 공영의 이상 실현에 기여함을 목적으로 한다." 고 하였지요.

◐ 청동기 사람들의 마을 모형

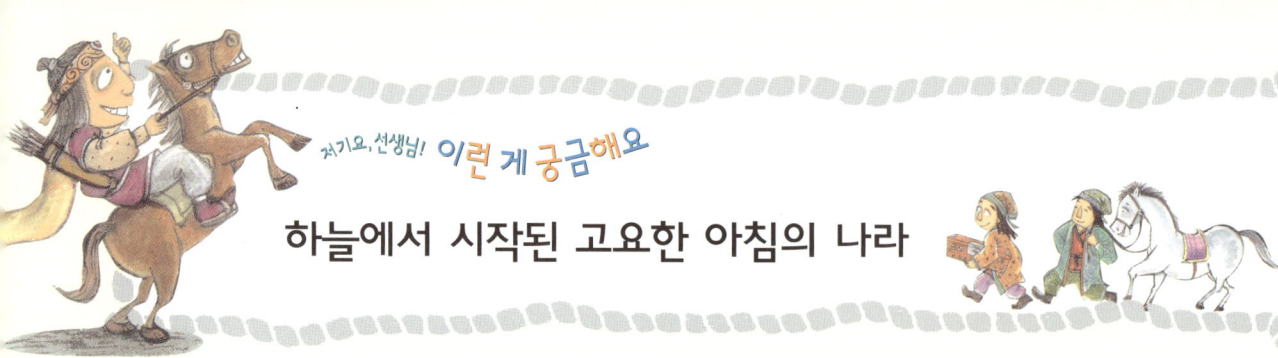

저기요, 선생님! 이런 게 궁금해요
하늘에서 시작된 고요한 아침의 나라

최초의 나라 이름이 '조선'이라고요?

단군이 세운 나라 이름이 원래 '조선'이라는 걸 알고 있나요? 그런데 후에 이성계가 나라를 세우면서 똑같이 '조선'이라는 국호를 사용했지요. 이걸 구분하기 위해 단군이 세운 '조선' 앞에는 '고(古)' 자를 붙였어요. 고조선이라는 명칭은 '조선'이 세워진 이후에 붙여진 거지요.

환웅이 세운 나라는 지금의 어디인가요?

환웅은 하늘의 신인 환인의 아들이면서, 단군의 아버지예요. 인간 세상을 다스리기 위해 천부인과 무리 3천 명을 데리고 하늘에서 내려왔어요. 이때 처음 발을 디딘 곳이 어디일까요?
일연이 쓴 역사책 《삼국유사》에서는 태백산이라고 나와 있어요. 일연 스님은 이 태백산을 북한에 있는 묘향산이라고 생각했대요. 하지만 나중에 몇몇 학자들은 태백산을 묘향산이 아닌 백두산이라는 주장도 펴고 있어요.

◐ 백두산 천지

호랑이는 왜 사람이 되지 못했지요?

단군 신화를 보면 사람이 되고 싶은 곰과 호랑이가 환웅을 찾아와요. 곰은 바라던 대로 사람이 되어서, 환웅과 결혼을 하고 단군을 낳지만 호랑이는 사람이 되지 못해요. 왜 그런 것일까요?
당시 고조선이 세워지기 전에 여러 부족들이 살고 있었어요. 부족들은 각각 숭배하는 동물들이 있었지요. 곰을 숭배하는 부족과 호랑이를 숭배하는 부족 중 곰을 숭배하는 부족이 더 힘이 강했던 거지요. 곰을 숭배하던 부족이 환웅을 맞아들여서 새로운 나라를 세웠고 단군 신화를 만들었을 거라고 추측하고 있어요.

참성단의 모양이 궁금해요

참성단은 마니산(강화도) 꼭대기에 우뚝 솟아 있어요. 그런데 신기하게도 마니산은 백두산과 한라산의 정 가운데 위치해 있지요. 참성단은 하늘에 제사를 올리기 위해 만들어졌다고 해서 '제천단'이라고도 불러요. 제단은 무척 재밌는 모양을 가지고 있지요. 위쪽은 둥글게 생겼고 아래쪽은 네모나게 생겼어요. 그런데 이렇게 쌓은 것은 다 조상들의 생각이 반영된 것이래요. 옛날 사람들은 땅은 네모나게 생겼고, 하늘은 둥글게 생겼다고 믿었어요. 그래서 참성단을 지을 때 그 생각이 반영된 것이지요. 둥근 단은 지름이 6.6m이고, 네모난 단은 지름이 8.7m예요. 참성단을 오르려면 918개의 계단을 올라야 하지요.

○ 참성단

선생님과 역사 읽기 ••• 옛날에는 무엇을 먹었을까?

구석기 시대 사냥이 시작 되다!

사냥하는 모습(모형)

아주 먼 옛날에는 음식을 만들지 못했어요. 기껏해야 나무 열매나 작은 벌레 등을 먹고 살았지요. 그런데 돌을 깨거나 갈아서 도구로 사용하면서 변화가 일어났어요. 도구를 이용해서 사냥도 하고 물고기도 잡게 된 것이지요. 처음에는 이렇게 잡은 짐승들을 날것으로 먹었어요. 그러다 불을 사용하게 되었고, 익혀서 먹는 법을 알게 됐어요. 고기는 불에 구우면 연해져서 한결 먹기가 좋았지요.

신석기 시대 농사를 짓다

신석기 시대에는 농사를 짓기 시작했어요. 물론 사냥과 채집은 여전히 중요한 일이었지요. 하지만 피, 조, 기장 같은 곡식을 맛보게 되면서 놀라운 변화가 생겼어요. 사람들은 곡식을 돌로 다져서 흙으로 만든 빗살무늬 토기에 넣고는 물을 붓고 불에 익혔어요. 죽을 만들어 먹게 된 것입니다.

토기

발효 음식을 개발한 청동기 사람들

우리나라 음식에서 꼭 빼놓을 수 없는 것이 있어요. 바로 장이지요. 간장, 된장이 들어가야 제 맛이 나니까요. 이런 장은 언제부터 만들어졌을까요? 바로 청동기 시대부터랍니다. 청동기 시대에는 수수, 보리, 콩 등의 다양한 곡식을 재배할 수 있었어요. 발해의 영토였던 지금의 만주 지역은 콩이 많이 재배되는 지역이에

시루

요. 그래서 오래전부터 콩을 이용한 음식들이 발달되었지요. 또 시루를 이용해서 수확한 곡식을 넣고 쪄서 먹기 시작했어요. 좀 더 맛있는 밥을 먹을 수 있게 된 거지요.

제대로 된 밥은 삼국 시대부터!

우리가 쌀로 밥을 지어 먹은 것은 언제부터일까요? 먼저 쌀농사가 언제 시작되었는지를 알아보는 게 좋겠지요. 알려진 바로는 삼천 년 전이래요.
아하! 그러면 밥도 삼천 년 전부터 지어 먹었냐고요? 그건 아니에요. 쌀이 나왔다고 해서 바로 밥을 지어먹은 것은 아니랍니다. 쌀만 보고 밥하는 법을 알아내기란 어려운 일이지요. 그래서 밥을 지어 먹기까지는 오랜 시간이 걸렸습니다. 그리고 밥을 먹으려면 솥이 필요했어요. 흙으로 만든 그릇과 청동 그릇으로는 밥을 지을 수 없었지요. 둘 다 열에 강하지 않기 때문에 밥이 되기도 전에 깨져 버렸거든요.

철제 자루솥

밥을 지어 먹으려면 열에 강한 철 솥이 필요했어요. 즉 철기 시대가 돼서야 밥을 지어 먹는 게 가능하게 됐지요. 삼국 시대부터 밥을 먹었다고 보면 됩니다. 그 전에는 낮은 온도에서 쌀을 익혀 먹었고요.

고구려 시대 귀족들의 밥상

크고 위대한 나라 고구려

하백의 딸 유화 부인은 아버지 몰래 해모수와 혼인하여 집에서 쫓겨납니다.
갈 곳을 잃고 떠돌던 유화 부인은 이를 불쌍히 여긴 금와왕 덕분에 부여의 궁에서 지내게 되고,
얼마 뒤 알을 하나 낳지요. 이 알에서 훗날 고구려를 세울 주몽이 태어납니다.

주몽은 물을 다스리던 신 하백의 딸, 유화 부인과 하느님의 아들 해모수 사이에서 태어났습니다. 그러나 유화 부인은 부모의 허락 없이 혼인한 탓에 아버지 하백의 미움을 받아 쫓겨났습니다.

유화 부인은 갈 곳이 없어 이리저리 떠돌았습니다. 그러던 어느 날, 동부여의 임금, 금와왕의 눈에 띄어 동부여의 궁궐에서 지내게 되었습니다. 바로 이곳에서 유화 부인은 주몽을 낳았습니다.

하지만 주몽은 사람의 모습이 아닌 알의 모습으로 태어났습니다. 이를 불길하게 여긴 금와왕은 그 알을 내다 버리라고 명령했습니다. 하지만 알을 들판에 내다

버리자 새가 날아와 알을 품었고, 돼지와 같은 짐승들조차 알을 조심스럽게 피해 다녔습니다. 금와왕은 하는 수 없이 알을 없애지 못하고 유화 부인에게 돌려주어야 했습니다.

유화 부인에게 되돌아온 알은 곧 깨졌습니다. 그 속에서 한 아이가 나왔는데, 그가 바로 주몽입니다.

금와왕은 알에서 태어난 주몽을 새 왕자로 삼았습니다. 금와왕에게는 이미 일곱 왕자가 있었지만 오히려 주몽을 더 아끼고 사랑했습니다. 주몽은 무엇보다 활을 쏘는 솜씨가 신통했기 때문이었습니다. 주몽은 일곱 살 때부터 이미 활로 파리를 쏘아 맞히는 등 재주가 남달랐습니다. 주몽이라는 이름도 '활을 잘 쏘는 사람'이라는 뜻이었습니다.

그러나 일곱 왕자들은 이런 주몽을 몹시 시기했습니다. 귀여움을 독차지하고 있는 주몽이 나중에는 임금이 될지도 모른다는 생각 때문이었습니다. 그런 탓에 틈만 나면 주몽을 없앨 궁리를 하였습니다.

그러던 어느 날이었습니다. 주몽은 자신을 따르는 신하, 마리와 협보를 데리고 사냥을 나갔습니다. 마침 노루를 발견한 주몽이 화살을 힘껏 당겼다가 놓았습니다.

부여 등장

부여는 기원 전 2세기경부터 494년까지 존속한 나라랍니다. 부여는 지금의 북만주 지역에서 터를 잡았으며, 일찍이 대륙으로부터 철기 문화를 받아들였습니다. 도읍을 가섭원으로 옮긴 뒤에는 '동부여'라 불렸습니다.

◐ 고조선 이후 한반도에 등장한 여러 나라

▲ 벽화 속의 고구려 남자 (안악3호 고분)

"쉬이잇!"

화살은 바람을 가르며 날아갔고, 정확히 노루의 옆구리에 꽂혔습니다. 바로 그때였습니다.

"이 노루는 내가 잡은 것이야!"

어디선가 일곱 왕자가 나타나 앞을 막아서는 것이었습니다.

"무슨 말씀이십니까? 노루의 옆구리를 보십시오. 틀림없이 주몽 왕자님의 화살이 꽂혀 있지 않습니까?"

"무엇이라고? 감히 네가 나에게 대든단 말이냐?"

첫째 왕자인 대소 왕자가 억지를 부렸습니다.

"여봐라! 주몽과 저 발칙한 신하들을 나무에 묶어라!"

대소 왕자는 자신의 병사들에게 명령을 내렸습니다. 그러고는 풀어 주지도 않은 채 궁궐로 돌아갔습니다. 하지만 힘이 장사였던 주몽은 나무를 뿌리째 뽑아 궁궐로 돌아왔습니다.

일곱 왕자들은 깜짝 놀라 그 일을 금와왕에게 보고했습니다. 그러자 금와왕도 몹시 당황하는 눈치였습니다.

'으음, 주몽은 과연 보통이 아니로구나. 저대로 놓아 두었다가는 정말 큰일을 내겠어.'

그런 생각에 다다른 금와왕은 주몽에게 마구간을 돌보는 일을 시켰습니다.

▲ 벽화 속의 고구려 여자 (안악3호 고분)

일곱 왕자의 모함으로 주몽은 하루아침에 왕자의 신분에서 마구간지기가 되고 말았습니다. 주몽은 자신의 신세가 처량했지만 일을 게을리 하지 않았습니다. 날마다 말에게 먹이를 주고 마구간을 청소하며 지냈습니다.

그러던 어느 날이었습니다. 유화 부인이 마구간 안으로 들어오더니 말을 향해 사정없이 채찍을 휘둘러 댔습니다. 그러자 놀란 말들이 이리저리 뛰고 난리를 피웠습니다.

그런 모습을 한참이나 지켜보던 유화 부인은 한쪽 구석에서 가장 높이 뛰어 오르는 말을 앞으로 끌어냈습니다. 그러고는 주몽에게 바늘을 주며 말했습니다.

"얘야, 이 바늘을 저 말의 혓바닥에 꽂아 놓도록 해라."

그런 알 수 없는 말을 하고 유화 부인은 돌아갔습니다. 주몽은 어리둥절해 하며 유화 부인이 끌어낸 말의 혀에 바늘을 꽂았습니다.

그 말은 하루가 다르게 여위었습니다. 당연한 일이었습니다. 혀에 바늘이 꽂혀 있으니 제대로 여물을 먹을 수가 없었습니다.

✔ 제가와 사출도

부여는 왕을 중심으로 마가·우가·저가·구가라는 4개의 부족으로 나뉘었습니다. 여기서 말, 소, 돼지, 개를 뜻하는 부족의 이름은 부여가 목축을 주로 했기 때문이지요. 4개의 부족은 '제가'라 불리는 부족장에 의해 다스려졌습니다.

'사출도'는 수도를 중심으로 동·서·남·북으로 나눈 지역으로 제가가 관리하였습니다.

◐ 고구려 사람들이 살던 집 모양의 토기와 막새 기와

✔ **고구려 집**

고구려는 추운 날씨 탓에 온돌로 집을 지어 생활했어요. 초기엔 일부분만 온돌로 지어, 온돌이 되어 있지 않은 곳은 차가운 바닥 위에 평상을 깔고 생활을 했지요. 부엌, 창고, 고깃간, 외양간 등이 각각 독립된 건물로 되어 있었으며 지붕은 기와를 덮었습니다.

◐ 고구려군의 기마행렬도 (안악3호분)

얼마 후 금와왕은 마구간을 잘 돌보았다는 이유로 그 말을 주몽에게 상으로 주었습니다. 금와왕은 일곱 왕자의 말만 믿고 주몽을 두려워하여 좋은 말을 주어서는 안 된다고 생각했던 것이지요.

그로부터 오랜 시간이 지난 뒤였습니다. 한동안 잠잠하던 일곱 왕자들이 주몽을 없앨 궁리를 하기 시작했습니다.

"주몽을 그대로 두었다가는 나중에 무슨 짓을 할지 모릅니다. 오늘 밤에 해치웁시다."

그러나 다행스럽게도 유화 부인이 이 음모를 눈치 채고 주몽에게 달려갔습니다.

"어서 여기를 떠나거라. 다른 왕자들이 너를 죽이려 하니 즉시 남쪽으로 떠나거라."

"하지만 어머니, 제게는 임금님께서 주신 저 비쩍 마른 말뿐인데 저것을 타고 어찌 도망을 가겠습니까?"

"애야, 저 말의 혀에 꽂혀 있는 바늘을 뽑아 보거라."

주몽은 이번에도 유화 부인이 시키는 대로 했습니다. 그러자 이게 웬일일까요? 그때까지만 해도 힘없이 비실거리던 말이 갑자기 용솟음치듯이 크게 우는 것이었습니다. 그뿐만 아니라 일단 주몽이 말 위에 올라타자 다른 말보다 훨씬 빠르고 날쌔게 달리는 것이었습니다.

"자, 이제는 내가 왜 그 말의 혀에 바늘을 꽂아 두라고 했는지 알겠느냐? 어서 그 말을 타고 떠나거라."

만약 말의 혀에 바늘을 꽂아 두지 않았다면, 아마 금와왕은 저렇게 훌륭한 말을 주몽에게 주지 않았을 것이었습니다.

이내 주몽은 유화 부인에게 인사를 마치고 급히 말을 타고 달렸습니다. 오이와 마리, 협보라는 세 신하가 그 뒤를 따랐습니다.

그런데 얼마나 달린 뒤였을까? 말은 바람처럼 달렸지만 강가에 이르러 멈추지 않을 수 없었습니다. 아무리 날쌘 말이라도 넓고 큰 강을 단숨에 뛰어넘을 수는 없었으니까요.

"왕자님, 이제 여기서 더 이상 갈 수가 없습니다. 뒤에서는 일곱 왕자의 군사들이 쫓아

> **✓ 소서노**
>
> 주몽이 동부여에서 졸본에 왔을 때 졸본의 왕 연타발은 주몽의 됨됨이를 보고, 세 명의 딸 중 둘째 소서노를 주몽에게 시집보내 사위로 삼고 왕위를 잇게 했습니다. 소서노는 역사적으로 손꼽히는 여걸로 주몽이 나라를 세울 때 경제적으로 도와 주었다고 해요.

오고 있는데 어찌하면 좋겠습니까?"

주몽을 따르던 부하들이 어쩔 줄 몰라 하면서 주몽에게 물었습니다. 그러자 주몽은 말에서 내리더니 무릎을 꿇고 하늘을 향해 외쳤습니다.

"나는 하느님의 손자요, 물의 신 하백의 외손자로다. 하늘이시여, 제가 이 강을 건널 수 있도록 도와주소서."

바로 그때, 잔잔하던 강물이 갑작스레 일렁거렸습니다. 그러고는 수많은 물고기 떼가 하늘로 치솟는 듯하더니 물 위로 올라와 다리를 만드는 것이었습니다.

"세상에, 어찌 이런 일이……."

주몽과 그의 부하들은 놀라지 않을 수 없었습니다. 그러나 지체할 시간이 없었습니다. 주몽과 그의 부하들은 물고기의 등을 밟고 강을 건너기 시작했습니다. 뒤를 따르던 일곱 왕자들은 그 모습을 보고 멍하니 서 있을 뿐이었습니다.

강을 건넌 주몽은 부하들을 데리고 졸본('졸본 부여'라고도 해요)에 도착했습니다.

바로 그 곳에 주몽은 나라를 세웠습니다. 그 나라가 바로 고구려(高句麗)였습니다(기원 전 37년). 이때 주몽의 나이가 스물두 살이었고, 스스로 성을 '고'씨라 했습니다.

신표를 찾아 주몽을 만난 유리

　주몽이 동부여를 떠나 나라를 세운 뒤에도, 주몽의 아들 유리는 어머니 예씨 부인과 함께 동부여에서 살았답니다. 유리는 아버지 주몽을 닮아 활도 잘 쏘았는데, 재빠른 토끼와 다람쥐는 물론이고 날아가는 새도 한 번에 쏘아 맞추었습니다.

　그러던 어느 날, 평소처럼 활 솜씨를 뽐내던 유리는 실수를 하여 동네 아낙네가 머리에 지고 있던 물동이를 깨뜨리고 말았습니다. 이에 화가 난 아낙네가, "이런 못된 놈! 아비 없는 자식이라 버릇이 없고 거칠구나."라고 하였습니다. 이 말에 유리는 어머니 예씨에게 아버지의 행방을 묻게 되고, 예씨 부인은 아버지가 고구려의 왕이라는 사실을 알려 주며, 이렇게 말했습니다.

　"네 아버지가 말씀하시기를 네가 태어나거든 신표를 가져 오라 하셨느니라. 그 신표는 일곱 모가 난 돌 위의 소나무 아래에 있다고 하였으니 찾아보거라."

　이에 유리는 신표를 찾아 온갖 곳을 돌아다녔지만 쉽게 찾을 수 없었습니다. 그러다가 지쳐 마루턱에 걸터앉은 유리는 기둥 아래를 살폈는데, 뜻밖에도 주춧 돌이 일곱 모가 나있는 것을 보았습니다. 결국 유리는 마루 밑을 파서 부러진 칼 조각을 찾아냅니다. 곧바로 유리는 주몽을 찾아 떠났습니다. 주몽을 찾은 유리는 주저하지 않고 신표를 내밀고 주몽은 자신의 부러진 칼과 맞추어 본 뒤 유리가 자신의 아들임을 인정했습니다.

　"오오, 네가 바로 나의 아들 유리로다!"

　그 뒤, 주몽이 죽자 유리는 고구려의 두 번째 임금이 되었습니다.

고구려의 무덤으로 알려진 장군총

저기요, 선생님! 이런 게 궁금해요

크고 위대한 나라 고구려

'고구려'라는 이름은 어떻게 지었나요?

고구려는 주몽이 세운 나라예요. 주몽은 원래는 동부여에서 살았지만 그 나라 왕자들의 쫓김을 받고 졸본 지역으로 도망쳤어요. 당시 졸본은 '구려국(句麗國)'이라고도 불렸는데 고구려의 국호는 바로 여기에서 가져온 것이지요. 주몽은 '구려'에다가 '高(높을고)'를 추가했어요. 이렇게 해서 '고구려'라는 이름이 생겼어요.

고구려가 정말 돼지 때문에 도읍을 옮겼나요?

고구려가 처음으로 도읍을 정한 것은 졸본 지역이었어요. 하지만 〈삼국사기〉에는 유리왕이 왕위에 오른 지 22년이 되는 해에 도읍을 옮겼다고 나와 있어요. 국내(國內)로 이동을 결심한 데는 돼지의 역할이 컸지요. 어떻게 돼지가 이런 큰일을 할 수 있었을까요?

◆ 국내성 성벽

유리왕 21년에 있었던 일이에요. 나라의 번영과 평화로움을 기원하는 뜻에서 제사가 열리려던 차였어요. 이때 제물로 바쳤던 살아 있는 돼지가 그만 도망친 거예요. 이를 안 유리왕은 제사 담당자 설지에게 호통을 쳤어요. 설지는 돼지를 찾기 위해 방방곡곡을 뒤졌고요. 제사용 돼지는 엉덩이에 특별한 표시를 해 놓아서 다른 돼지와 구분할 수 있었지만 전국을 다 뒤지는 건 쉬운 일이 아니었지요. 결국 설지가 돼지를 찾은 곳은 국내였어요. '국내'는 경치도 좋고, 땅도 기름진 곳이었어요. 그런데 그곳에 사는 웬 노인 하나가 그 돼지를 잡아서 기르고 있는 것이 아니겠어요? 설지는 그동안의 사정을 얘기하고는 돼지를 돌려줄 것을 청했어요. 하지만 노인은 돼지를 내줄 수 없다며 완강히 버텼지요. 결국 설지는 빈손으로 왕에게 돌아갔어요. 유리왕은 설지가 빈손으로 온 사정을 듣고는 크게 화를 냈어요. 설지는 순간, 한 가지 꾀를 냈어요. 새롭게 도읍을 정할 곳을 추천하겠다고 한 것이지요. 왕은 설지의 말을 듣고 국내에 방문하기로 결정했어요. 그리고 국내성을 보고는 무척 마음에 들어했어요. 새로운 도읍이 되기에 적합하다는 결론을 내린 것이지요. 결국 유리왕은 국내로 도읍을 옮기고, 졸본은 해명 태자에게 맡겼답니다.

국내성의 위치에 대해서는 아직도 의견이 분분해요. 역사학자들은 압록강 주변이라고 얘기하지만, 또 몇몇 학자들은 송화강 부근의 길림성 주변이라고도 한답니다.

고구려 벽화만 봐도 고구려를 알 수 있다고요?

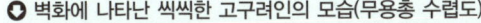

아래 벽화를 보면 사냥하는 모습을 발견할 수 있어요. 고구려 사람들에게 사냥은 중요한 놀이이면서 동시에 군사 훈련의 수단이었어요. 고구려는 이때까지만 해도 농사 짓는 것이 발달되지 않아서, 식량이 부족했는데 사냥이 부족한 부분을 채워 줬지요. 그만큼 사냥은 고구려 사람들에게 중요한 부분을 담당하고 있었어요. 그래서 장수를 뽑을 때도 사냥 실력을 보고 선택했어요. 매년 3월 3일에는 사냥 대회도 열렸고요. 평강 공주와 결혼한 바보 온달을 알고 있나요? 온달이 우승한 대회가 바로 이 대회예요. 우승자는 임금님에게 큰 상을 받았어요.

또, 벽화를 보면 신비한 동물들을 볼 수 있어요. 벽화에 그려진 동물은 '백호'만 제외하고는 실제로

◐ 벽화에 나타난 씩씩한 고구려인의 모습(무용총 수렵도)

존재하는 동물이 아니랍니다.

고구려인들은 상상의 동물 신들이 동서남북을 지켜줄 거라고 믿었어요. 네 신의 이름은 청룡, 백호, 주작, 현무랍니다. 청룡은 동쪽을 지켰고, 파란색이에요. 봄을 상징하지요. 백호는 서쪽을 지켰고, 하얀 호랑이를 뜻하며 흰색, 가을이에요. 주작은 남쪽을 지켰고, 봉황을 뜻하며, 붉은색, 여름을 상징해요. 수컷인 봉(鳳)과 암컷인 황(凰)을 뜻하지요. 봉황은 다섯 가지의 깃털 색을 가지고 있고, 다섯 가지의 소리를 낼 수 있어요. 신비한 새이면서 새의 왕으로 불릴 만큼 귀하게 여겨졌지요. 현무는 북쪽을 지켰고, 검은색, 겨울을 뜻해요. 머리는 뱀이고, 몸은 거북이에요.

이렇게 네 가지 신들은 우주를 다스리는 제왕을 도와서 사방을 수호했어요.

이 상상의 동물들을 어디서 확인할 수 있을까요? 평안남도 강서군 일대를 보면 고구려 벽화가 생생하게 남아 있어요. 우리뿐만 아니라 전 세계적으로도 유명한 벽화예요. 아직까지도 그 색이 변하지 않고 남아 있다고 하니 정말 신기한 일이죠?

🔾 벽화 속의 주작도(위)와 백호도(아래) (강서대묘 사신도)

나라를 버리고 사랑을 택한 낙랑 공주

고구려의 대무신왕은 부여를 정복하고 이제는 눈을 돌려 낙랑국을 정복하고 싶었어요. 하지만 낙랑국을 정복하는 데 장애물이 있었어요. 낙랑국 보물인 자명고 때문이었지요. 자명고는 적이 쳐들어오면 저절로 소리를 내서 사람들에게 위험을 알리는 북이었어요. 정말 신기한 북이지요?

그러던 어느 날이었어요. 대무신왕의 아들 호동이 낙랑국의 왕 최리의 초청을 받아 낙랑국의 궁전에 갔다가 낙랑 공주를 보았어요. 호동은 공주에게 한눈에 반했고, 낙랑 공주 역시 호동에게 마음이 있었어요. 호동은 고구려로 돌아가자마자 아버지께 낙랑 공주를 사모하는 마음을 털어놓고는 결혼하게 해 달라고 청했어요. 대무신왕은 아들의 말에 고개를 끄덕였어요.

호동은 낙랑 공주와 즐거운 시간을 보냈어요. 그런데 어느 날 아버지가 호동을 불러서는 넌지시 말을 건넸어요.

"아들아, 내가 왜 낙랑국을 정복하지 못하는지 아니? 자명고만 아니면 충분히 정복할 수 있는데, 넌 이 일을 어떻게 하면 좋겠니?"

호동은 아버지의 뜻을 알아차렸어요. 그래서 낙랑 공주에게 자명고를 없애 달라고 부탁했어요.

낙랑 공주는 고민에 빠졌어요. 나라의 보물인 자명고를 없애면 아버지를 배신하는 행동이라는 걸 모르지 않았지요. 하지만 이미 호동을 너무나 사랑한 낙랑 공주는 청을 들어주기로 했어요.

모두가 잠든 밤, 낙랑 공주는 칼을 들고는 남몰래 자명고 앞에 섰어요. 그리고 자명고를 찢었지요. 때를 기다리던 고구려군은 순식간에 낙랑국으로 쳐들어왔어요. 적이 침입할 것을 전혀 대비하지 않았던 낙랑국은 별다른 힘도 써보지 못하고 무너졌어요.

시간이 한참 흘러서 최리는 자신의 딸이 자명고를 찢었다는 것을 알고는 낙랑 공주의 목을 베었어요. 아무리 딸이라도 사랑 때문에 나라와 부모를 배신한 것을 용서할 수가 없었던 거지요.

🔸 고구려 시대 귀족(왼쪽)과 평민의 복장(오른쪽)

버림받은 형제, 한강의 주인이 되다

고구려의 왕 주몽이 유리를 태자로 삼자, 비류와 온조는 고구려를 떠나 새 나라를 세웁니다.
한산 근처에 도착한 온조는 그곳에 성을 쌓고 나라를 세우는데,
그것이 바로 백제의 시작입니다.

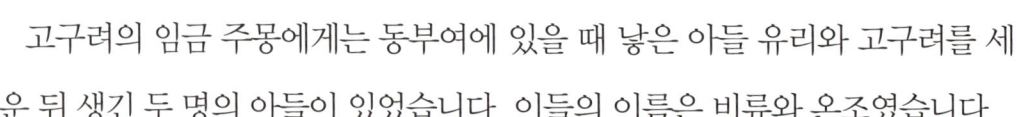

고구려의 임금 주몽에게는 동부여에 있을 때 낳은 아들 유리와 고구려를 세운 뒤 생긴 두 명의 아들이 있었습니다. 이들의 이름은 비류와 온조였습니다.

그런데 주몽은 유리를 태자의 자리에 앉히고 임금의 자리를 물려주려 했습니다. 바로 이 무렵의 일이었습니다.

어느 날 비류는 동생 온조를 불러 말했습니다.

"처음 대왕이 동부여에서 도망왔을 때, 어머니가 대왕을 도와 나라를 세웠는데, 대왕은 그 공을 잊고 유리를 태자로 삼았으니 이 나라는 유리의 것이 되겠구나. 여기에 더 있어 보았자 우리는 사마귀처럼 쓸모없게 느껴질 테니 차라리 어머니를 모시고 남쪽으로 내려가 살 만한 땅을 찾아보도

록 하자."

"옳은 말입니다. 유리 왕자가 태자가 되었으니 우리의 장래는 불을 보듯 뻔합니다."

온조와 비류는 이야기를 나눈 뒤, 곧바로 아버지 주몽에게 달려가 아뢰었습니다.

"아버님, 이 나라는 이제 태자 유리의 것이옵니다. 저희는 남쪽으로 내려가 새 나라를 세우겠나이다."

주몽은 비류와 온조의 청을 허락했습니다. 그냥 고구려에 머물러 있다가 형제끼리 다투게 하는 것보다는 나을 듯 싶었습니다.

이윽고 온조와 비류는 남쪽으로 길을 떠났습니다. 이때 오간과 마려와 같은 신하가 따랐고, 두 왕자의 어머니인 소서노도 많은 보물을 싣고 함께 길을 나섰습니다.

그들은 한없이 남쪽으로 내려갔습니다. 그러다가 도착한 곳이 하남 위례성(지금의 서울 부근)이었습니다. 이곳에서 온조가 말했습니다.

"이곳은 강과 드넓은 들판이 있는 기름진 땅 같습니다. 여기에 도읍을 정하고 여러 부족들을 끌어들여 나라를 세움이 어떠할까요?"

그러나 비류는 고개를 저었습니다.

"아니다. 나는 더 서쪽으로 가서 미추홀(지금의 인천)에 자리를 잡으련다."

"하오나, 왕자님! 미추홀은 바다가 가까워 물이 짜서 농사를 지을 수 없고 땅이 거칠어 마땅히 성을 쌓을 곳도 없사옵니다."

비류의 말에 한 신하가 나서서 말했습니다. 하지만 비류는 여전히 고개를 저었습니다. 그러고는 자신을 따르는 무리와 함께 미추홀로 떠났습니다.

그 자리에는 온조만 남았습니다.

온조는 그 자리에 성을 쌓았습니다. 바로 하남 위례성이었습니다. 이에 온조는 국호를 십제(十濟)라 하였습니다. 새 나라를 세운 것입니다. 과연 온조의 말대로 위례성은 살기 좋은 곳이었습니다. 땅이 기름지고 강이 가까이 있어서 농사가 잘 되었습니다.

주변의 작은 부족들도 모여들어 온조의 백성이 되었습니다.

그 덕분에 십제는 조금씩 튼튼한 나라의 틀을 갖추기 시작했습니다.

그런데 몇 년이 지난 뒤, 뜻밖에도 미추홀로 떠났던 비류가 돌아왔습니다.

"이보게, 아우님! 미추홀에 갔더니 물이 짜서 마실 수가 없고, 땅이 질척하여 풀 한 포기 제대로 자라지 않는다네. 그런 탓에 많은 사람들이 내 곁을 떠나 다른 곳으로 갔고 나는 남은 사람들만 이끌고 이렇게 다

시 왔다네."

비류는 부끄러운지 내내 고개를 숙인 채 말했습니다. 그러나 온조는 그런 형을 따뜻하게 맞아 주었습니다.

"잘 오셨습니다. 저와 함께 이 나라를 다스리도록 하십시오. 우리는 싸우지 말고 어머니를 모시고 오래도록 행복하게 사십시다."

온조는 비류를 극진히 대접하며 무척 믿고 따랐습니다. 그러나 비류는 얼마의 시간이 지난 뒤에 스스로 목숨을 끊었습니다. 동생의 말을 듣지 않고 미추홀로 떠났던 자신의 행동이 너무나 부끄러웠던 것입니다.

그 뒤 온조왕은 국호를 십제에서 백제(百濟)로 바꾸고 국력을 키우는 데 온 힘을 기울였습니다. 북쪽의 말갈족의 침입에 대비하여 성을 튼튼히 쌓았고 이내 남쪽의 작은 나라 마한을 정복했습니다. 백제는 차츰 나라다운 모습을 갖추었습니다.

아우야.. 날려도.

저기요, 선생님! 이런 게 궁금해요
버림받은 형제, 한강의 주인이 되다

부족 100개가 모여 만든 나라가 백제인가요?

백제가 처음 나라를 세웠을 때 국호는 '십제(十濟)'였어요. 그리고 이후에 '백제(伯濟)'로 변했다가 다시 '백제(白濟)'가 되었어요. 나라 이름이 이렇게 변한 이유는 무엇일까요?
자, 여기서 우리는 '십'과 '백'의 차이에 대해 주목해야 해요.
처음 백제는 열 개 정도의 부족이 모여서 만들어진 나라였어요. 즉, 십제의 '십'은 부족 10개를 의미하는 거였죠. 그럼 백제는 부족이 100개가 모인 것이냐고요? 여기서 100은 정확히 100개의 부족이 모였다는 뜻에서 붙여진 것은 아니에요. 아주 많은 부족이 백제로 모여들었다는 뜻으로 '백'을 붙인 거예요. 백제가 십제에서 백제로 이름이 바뀔 만큼 힘이 센 나라였냐고요? 맞아요. 당시 백제는 해상 강국이었어요. 우리나라 남쪽의 부족은 물론이고, 왜국의 부족들, 서쪽 바다 너머로 중국의 부족까지 백제로 합쳐졌다는 이야기가 전해지고 있지요. 처음에 조그마했던 백제가 이렇게 커지다니 정말 놀라운 일이지요?
또 다른 이야기로는 '온조'라는 말에서 '백제'가 비롯됐다는 말도 있어요. '온'을 순 우리말로 하면 '백'이 되니까요.

◐ 백제 초기의 토성터, 몽촌토성에 있는 목책(통나무 울타리)

삼국 중 농업이 가장 발달한 나라는 어디인가요?

백제는 삼국 중에서 농사 기술이 가장 발달했어요. 신라는 철기 문화가 늦게 전파됐기 때문에 농사가 늦어졌고요. 고구려의 땅은 험한 산이 많아 농사 짓기에 적합하지 않았어요. 반면에 백제는 기름진 땅에 위치해 있었고, 앞선 철기 문화도 가지고 있었지요. 게다가 도읍인 하남 위례성 옆으로는 한강이 흐르고 있어서, 물도 풍부했어요.

하지만 이러한 지리적인 조건만으로 백제가 농사를 잘 짓게 된 것은 아니에요.

온조왕 28년의 일이에요. 백제에 큰 가뭄과 홍수가 번갈아 찾아왔어요. 무려 4~5년에 걸쳐서 말이지요. 백제 백성들은 전염병과 굶주림을 겪어야 했어요. 살기가 힘들어진 수천 명의 백성들이 고구려 땅으로 이동했어요.

◐ 옛 백제 지역에서 발견된 농기구

온조왕은 이 모습을 보고는 정신이 번쩍 들었어요. 나라의 백성이 줄어든다는 것은 국력이 약해지는 것과 같기 때문이에요. 온조왕은 백성들이 굶주리지 않게 하기 위해 농사를 장려했어요. 농사와 함께 누에치기도 권했어요. 그리고 높은 벼슬아치라 해도 농민들이 농사를 짓는 동안은 함부로 데려다가 다른 일을 시킬 수 없게 했어요.

이렇게 농사가 장려되면서 백제의 땅은 점점 비옥해졌답니다. 신라와 고구려와는 비교할 수 없을 만큼 기술도 발전했지요. 식량은 풍부해졌고, 때문에 전쟁을 할 때도 큰 도움이 됐어요. 삼국 초기에 백제가 고구려와 힘을 겨룰 수 있었던 건 다 이런 농업의 발달 덕분이에요.

◐ 벽골제. 백제 시대에 만들어진 우리나라에서 가장 오래 된 저수지

알에서 태어난 아이들이 세운 나라

여섯 부족의 촌장들이 모실 왕을 두고 고민하던 때,
숲에서 흰 말이 알 하나를 두고 가더니 그곳에서 사내아이가 알을 깨고 나왔습니다.
이 아이가 후에 신라를 세운 박혁거세입니다.

기원전 69년 무렵, 삼월 초하룻날이었습니다. 왕경(당시 경주의 이름이에요)에서 멀지 않은 알천이라는 곳에 여섯 부족의 촌장이 모여 있었습니다. 이 여섯 부족의 이름은 각각 동쪽의 평지에 알천 양산촌, 사량의 돌산 고허촌, 서쪽 언덕의 본피 무산대촌, 동쪽 언덕의 모량 취산 진지촌, 한지의 금산 가리촌, 그리고 가리촌의 동북쪽에 있던 습비 명활산 고야촌이었습니다.

이들 촌장 중의 하나가 먼저 입을 열었습니다.

"우리는 지금 군주(임금)가 없이 백성을 다스리고 있소. 그러다 보니 위아래

의 질서가 없고 백성들이 제멋대로이며 방탕하오."

"그렇습니다. 하루 빨리 덕망 있는 사람을 찾아 우리의 군주로 삼고 도읍을 정해야 할 것이오."

바로 그때였습니다.

남쪽 하늘에서 한 줄기 빛이 양산촌의 한 마을로 쏟아져 내렸습니다. 여섯 촌장들은 신기한 일이다 싶어 앞을 다투어 달려갔습니다. 빛이 쏟아져 내리고 있는 곳은 양산촌의 한 숲에 있는 '나정'이라는 우물이었습니다. 그곳에서 아주 희한한 광경이 펼쳐지고 있었습니다. 희디 흰 말이 붉은색의 광채를 내뿜는 알을 앞에 두고 절을 하고 있는 게 아니겠어요? 그리고 다음 순간, 말이 갑작스레 요란한 소리를 내며 하늘로 날아갔습니다. 이제 우물 옆 수풀 사이에는 커다랗고 붉은 알만 덩그러니 남아 있었습니다.

"대체 무슨 알이기에 저토록 아름답고 신령스럽게 생겼을까요?"

여섯 촌장 중의 하나가 중얼거리며 알을 향해 다가섰습니다. 그리고 누가 먼저라고 할 것도 없이 나서서 알을 깨뜨리기 시작했습니다.

그런데 여섯 촌장들이 또다시 놀랄 만한 일이 생겼습니다. 알을 깨뜨리자 그 속에 아주 깨끗하고 단정해 보이는 사내

> ✅ **왜 박씨일까?**
>
> 당시 사람들은 이름은 있었지만 성이 없었어요. 정식으로 성을 갖게 된 것은 신라 3대 임금인 유리 이사금 때였어요.
> 그런데 왜 여섯 촌장들은 박씨라는 성을 최초의 임금에게 지어 주었을까요? 이유는 아주 간단해요. 혁거세가 박을 닮은 알에서 나왔기 때문이에요. 박은 그 당시 사람들이 사용하던 중요한 생활 도구였죠. 박씨는 중국에도 없는 한국 고유의 성이랍니다.

아이가 들어 있는 것이 아니겠어요?

사람들은 조심스럽게 아기를 꺼냈습니다. 그리고 동천으로 데리고 가서 정성스레 목욕을 시켰습니다. 그러자 아이의 몸에서 방금 전보다 더 찬란하고 아름다운 빛이 났습니다.

"오오, 이 아이가 바로 우리 나라를 다스릴 임금인가 보오."

"그렇소. 이 아이를 혁거세라 하고 우리의 왕으로 삼읍시다. 성은 박씨가 좋겠소."

이로써 신라를 세운 박혁거세는 세상 사람들 앞에 모습을 드러냈습니다.

혁거세는 건강하게 잘 자랐습니다. 어릴 때부터 총명하여 많은 사람들을 놀라게 했습니다.

한편 여섯 촌장들이 알천에서 그런 소동을 겪고 있을 때, 역시 왕경에서 멀지 않은 사량리에서도 아주 이상한 일이 벌어지고 있었습니다. 그곳에는 알영

◐ 오릉. 신라 초기 왕릉으로 박혁거세가 죽은 뒤 몸이 다섯 조각으로 나누어져 다섯 개의 능으로 만들었다고 한다.

정이라는 우물이 있었는데 바로 그 옆에 아주 이상한 짐승이 나타난 것이었습니다. 다름 아닌 닭의 머리를 가진 용이었습니다.

사람들은 웅성거리면서 그 신비한 용을 지켜보았습니다. 잠시 후, 가만히 앉아 있던 용이 날개를 푸드덕거리면서 왼쪽 겨드랑이 사이로 아이를 낳았습니다.

"어이쿠! 저게 뭐예요?"

"저것 좀 보세요. 용이 아이를 낳았어요."

참으로 신기한 일이었습니다. 사람들은 보통 일이 아니라고 생각했습니다. 가까이 다가가 보니 그 아이는 여자 아이였습니다. 생긴 모습이 엄숙하고 용모가 아주 단정했습니다. 그런데 이상하게도 입술이 닭 부리와 같았습니다.

○ 알영정 내 비각

"허허, 참으로 신비스러운 일이오. 틀림없이 이 나라에 좋은 일이 생길 징조라오."

그 말에 사람들은 저마다 고개를 끄덕였습니다. 그러고는 아기를 소중히 안고 월성이라는 마을 옆의 북천이라는 개울로 데려가

○ 알영정

> **✓ 신라가 무슨 뜻이에요?**
>
> '신라'라는 국호를 사용한 것은 지증왕 때의 일이에요. 그 전에는 계림, 사로, 서나벌, 서라벌 등의 이름으로 불렸지요. '신라'라는 말이 어디서 비롯된 것인지는 학자들도 잘 알지 못하지만 다만 이렇게 추측할 뿐이지요.
> 신라를 한자로 살펴보면, '新羅'예요. 여기서 '新'은 '새롭다'는 뜻이에요. '羅'는 사방을 의미해요. 동서남북 전체를 사방이라고 하지요. 한자의 뜻대로 한다면 신라는 '사방이 새로운 나라' 정도로 해석되지요.

정성스럽게 씻겨 주었습니다. 그러자 닭 부리 같던 입술이 떨어져 나가고 아름다운 사람의 입술이 드러났습니다.

이때, 여섯 촌장들이 그 여자 아이를 보았습니다. 촌장들은 이 여자 아이도 혁거세처럼 하늘이 내린 인물이라 생각했습니다.

우선 아이의 이름을 알영이라 지었습니다.

"오오, 이 아이야말로 우리 첫 임금의 왕비가 될 아이요."

사람들 중 하나가 말했고, 어느 누구도 그 말을 의심하지 않았습니다.

알영은 열세 살이 되었을 때 혁거세와 혼인하여 왕비가 되었습니다.

혁거세는 곧 나라를 세웠습니다. 기원전 57년, 신라는 이렇게 탄생되었습니다. 이때의 이름은 사라 또는 사로, 계림이라 불렸습니다.

> **부족 사회**
>
> 원시 시대에는 2개 이상의 씨족(같은 조상을 가진 피를 나눈 공동체)이 모여 부족 사회를 이루었어요. 이러한 부족들이 모여 고구려, 백제, 신라와 같은 하나의 나라를 세우지요.

아주 특별한 신화, 연오랑 세오녀

'연오랑 세오녀' 신화를 알고 있나요? 신화에 따르면 신라 사람 연오랑이 해변에 나갔다가 갑자기 딛고 있던 바위가 움직여서 둥둥 흘러간 곳이 왜나라였고, 이 나라 사람들은 연오랑을 하늘이 내려준 사람으로 믿고 왕으로 모셨답니다. 그런데 뒤이어 세오녀도 왜나라로 건너가 왕비가 되었는데, 이상하게도 두 사람이 왜나라로 떠나자 신라에는 태양이 사라져 어둠의 나라가 되었다고 해요. 그 뒤, 신라에서 사람을 보내 연오랑, 세오녀에게 돌아오라고 청하자, 세오녀는 자신이 짠 비단을 주며 하늘에 제사를 올리라고 했다죠? 그때부터 해가 다시 뜨고 세상이 밝아졌답니다. 그런데 왜 이 이야기가 특별하냐고요? 해를 상징하는 두 사람 때문이지요. 이 이야기는 우리나라에 하나밖에 없는 '일월신화' 랍니다.

호미곶의 연오랑(왼쪽)과 세오녀 상(오른쪽)

저기요, 선생님! 이런 게 궁금해요

알에서 태어난 아이들이 세운 나라

 ## 우리나라에는 몇 개의 성씨가 있을까요?

◐ 계림. 경주 김씨의 시조로 알려진 김알지가 태어났다는 숲이다.

세계에서 성을 가장 많이 가진 나라는 중국이에요. 무려 1만 2천여 개를 가지고 있어요. 인구수만큼이나 다양한 성을 가지고 있지요. 우리나라는 1985년 인구 및 주택 센서스 조사에 따르면 274개의 성씨가 있다고 해요. 하지만 모든 나라가 우리나라처럼 성씨를 사용하는 것은 아니에요. 미얀마나 인도네시아의 경우에는 이름만 사용하지요. 그럼 우리나라 성씨에 대해 좀 더 알아볼까요?

성씨를 한자로 보면 '姓氏'로 표기할 수 있어요. 먼저 '姓'을 살펴보면 '女(여자 녀)'와 '生(낳을 생)'이 합쳐져서 '여자가 낳았다.'라는 의미가 되어요. 다시 말해서 어미가 자식을 낳았다는 뜻이 됩니다. 처음에 자식들은 어머니의 성을 따랐다고 해요. 하지만 가족 내에서 아버지의 힘이 커지면서 아버지의 성을 따르게 됐지요.

 ## 신라 임금님을 부르는 이름

임금을 부를 때는 '~왕'이라고 부르지요? 그런데 신라 초기에는 이렇게 부르지 않았어요. '이사금'이나 '차차웅'으로 불렀지요. 왜 이렇게 부른 것일까요? 먼저 이사금의 담긴 의미부터 풀어 봐요.

신라 2대 임금인 남해 차차웅이 신라를 다스리고 있었을 때였어요. 당시에는 지혜로운 신하 하나가 차차웅을 모시고 있었어요. 바로 '석탈해'라는 이름을 가진 신하였지요. 얼마나 현명하고 성품이 훌륭한지 차차웅이 후계자로 정했을 정도였어요. 하지만 겸손한 석탈해는 이를 받아들이지 않았어요. 차차웅의 아들인 유리 왕자(주몽의 아들이 아니랍니다)가 계승해야 한다며 여러 번 사양했지요. 하지만 유리 왕자는 아버지의 유언을 무시할 수가 없다고 고집을 부렸어요. 그래서 석탈해와 유리 왕자 사이에 왕위를 서로 떠넘기는 일이 벌어졌지요. 그러던 중에 석탈해가 한 가지 꾀를 냈어요. 이가 많은 사람이 다음 왕위를 맡자고 제안했지요. 예로부터 이가 많은 사람이 덕이 많다는 얘기가 있거든요. 자, 그럼 어떻게 이의 수를 확인할 수 있었을까요? 두 사람은 떡 깨물기를 했어요. 떡을 물면 떡에 잇자국이 생기니까 그 수를 세기로 한 거지요. 어떤 결과가 나왔을까요? 승리는 바로 유리 왕자에게 돌아갔어요. 석탈해는 유리 왕자가 이의 수가 많다는 걸 알고 있었어요. 그래서 그런 내기를 제안한 것이지요. 유리 왕자는 약속대로 왕위에 올랐습니다. 그리고 이때부터 '이가 많은 사람'을 뜻하는 '이사금'이 임금을 부르는 칭호가 되었답니다. 한편 석탈해는 유리 이사금이 죽은 후, 그 뒤를 이어 왕위에 올랐어요.

◯ 반월성. 석탈해가 처음 터를 잡고 살았던 곳

◯ 탈해 왕릉

삼국은 왕을 부르는 이름이 같았나요?

고구려와 백제는 '왕'이라는 칭호로 통일해서 불렀지만 신라는 달랐어요. 차차웅은 신라 제 2대 왕, 남해 왕에게만 붙여진 칭호예요. 신라 말로는 '무당'을 의미한다고 해요. 즉 차차웅은 왕의 역할보다는 하늘에 제사를 올리는 제사장의 역할이 주된 임무임을 짐작할 수 있어요.
신라에서 지도자를 의미하는 칭호는 이것 말고도 또 있어요.
제 17대 내물왕부터 21대 소지왕까지는 '마립간'이라는 칭호로 불렸어요. '마립'은 말뚝을 의미해요. 특별한 사람이 앉는 곳을 가리켜서 '마립'이라고 불렸지요. 그리고 '간'은 우두머리를 뜻해요.
신라는 왜 이렇게 다양한 이름으로 왕을 부른 것일까요?
그건 신라가 고대 국가의 모습을 완전하게 갖추지 못했기 때문이에요. 고구려와 백제 같은 고대 국가에서는 왕의 자식이 다음 왕위를 물려받는 게 일반적이지만 신라는 아직 부족 국가였고, 부족 사람들 가운데 뛰어난 사람을 추천해서 왕으로 삼았어요. 그래서 왕보다는 대표자의 의미가 더 컸지요.

거북의 노래와 여섯 개의 알

여섯 개의 황금빛 알이 들어 있는 상자가 하늘에서 내려오더니,
알을 깨고 여섯 명의 아이들이 나옵니다.
그중 제일 먼저 태어난 아이가 후에 대가락국을 맡아 다스립니다.

서기 42년, 낙동강 하류 지역에 이름도 없는 작은 아홉 나라가 있었습니다.

어느 날, 이 작은 나라의 족장들이 농사가 잘 되게 해 달라고 제사를 지내고 있었습니다. 그런데 갑자기 북쪽의 구지봉이란 곳에서 이상한 소리가 들렸습니다. 사람들은 떼를 지어 구지봉으로 몰려갔습니다. 하지만 사람의 모습은 보이지 않고 목소리만 들렸습니다.

"아래에 사람이 있느냐?"

"여기에 우리가 있사옵니다. 백성들과 백성들을 다스리는 아홉 나라의 족장이 함께 있사옵니다."

"그러하면 이곳은 어디냐?"

"구지라는 곳입니다."

"알겠노라. 하늘의 신께서 나를 이곳에 보내 임금이 되라 하셨다. 너희는 산봉우리에 흙을 파고 거북 노래를 부르며 춤을 추어라. 그리하면 반드시 너희를 다스릴 임금을 만날지어다."

이상한 일이라 생각하면서 아홉 나라의 족장들은 시키는 대로 하였습니다.

거북아,
거북아,
머리를 내밀어라.
내밀지 않으면 구워서 먹으리라.

사람들은 이 노래를 '구지가'라고 부르며 춤을 추었습니다. 그러자 난데없이 하늘에서 무지개 빛깔이 비치더니 자주색 줄이 내려와 땅에 드리워졌습니다. 그리고 그 줄의 끝을 살펴보니 금빛 상자가 보

신화 속 '알'

고구려의 주몽, 신라의 박혁거세, 가야의 김수로왕은 모두 알에서 태어났어요.
왜 하필 알이냐고요? 그것은 왕은 보통 사람과 다르며 하늘의 뜻에 따라 태어났음을 상징하기 위해서예요. 알의 모양이 태양을 닮았잖아요.
이처럼 지도자는 태양의 기운을 받아 태어나 신비롭고 특별하다는 것을 강조한 것입니다.

자기에 싸여 있었습니다.

"아앗, 저게 무엇일까요?"

족장들은 깜짝 놀라 입을 다물지 못했습니다. 족장들은 우선 상자에 절을 하고 조심스레 뚜껑을 열어 보았습니다. 그런데 이게 웬일일까요? 상자 안에는 여섯 개의 황금빛 알이 들어 있었습니다. 그것이 무엇인지는 알 수 없었지만 족장과 그를 따르는 무리들은 알을 향해 수없이 절을 하고 또 절을 했습니다.

이후, 족장들은 이들 중의 우두머리인 아도간을 시켜 집으로 가져가게 했습니다.

열이틀이 지난 뒤, 족장들이 아도간의 집에 다시 모였습니다. 그리고 다함께 상자를 열었습니다. 그러자 여섯 개의 알에서 여섯 명의 사내아이가 걸어 나왔습니다. 그 용모가 아주 단정하고 반듯해서 한눈에 보아도 보통의 아이들이 아님을 알 수가 있었습니다.

"자, 동자님들께 절을 올립시다."

아도간이 앞으로 나서서 여섯 사내아이들을 마루에 공손히 앉게 했습니다. 그리고는 허리를 굽혀 절을 했습니다.

◐ 가야의 수레형 토기

족장들이 더 놀라게 된 일은 그로부터 열흘이 지난 뒤에 일어났습니다. 여섯 아이들의 키가 무려 아홉 자가 넘게 자라 있었던 것입니다.

족장들은 이 아이들 중에서 가장 먼저 나온 아이의 이름을 '수로'라고 짓고, 성은 '김'이라 하였습니다. 또한 아홉 족장들이 다스리던 마을을 통합하여 대가락국이라 부르기로 하였습니다. 나머지 다섯 아이들도 각각 나라를 맡아 다스리게 했습니다.

그러던 어느 날, 한 신하가 수로왕에게 말했습니다.

"대왕께서 하늘에서 내려와 나라를 세우셨으나 아직 배필이 없사옵니다. 나라의 장래를 위해서라도 하루빨리 배필을 정하시옵소서."

이를테면 혼인하여 왕비를 맞아들이라는 뜻이었는데, 수로왕은 고개를 저었습니다.

"내가 이곳에 내려와 나라를 열었던 것은 하늘의 뜻이었

◆ 가락 국사를 기록한 비석

◆ 수로 왕릉

✅ 가야의 조상이 인도인?

김수로 왕이 왕비로 맞은 허황옥은 정말 인도 사람일까요? 기록에 보면 어디에도 가야국과 인도의 교류 흔적이 남아 있지 않아요. 따라서 후에 불교의 영향이 커지자, 불교의 권위를 빌려 가야국의 왕권을 신성화하기 위해 이야기를 꾸몄을 것이라 짐작만 하지요.

소. 내 배필도 하늘이 정해 줄 것이니 기다리시오."

과연 그 말을 꺼내 놓은 지 얼마 되지 않아 수로왕이 신하들을 불러 말했습니다.

"왕비가 될 공주가 바닷가에 이르렀을 테니 어서 나가 보아라. 만일 공주가 닿아 있거든 목련나무로 노를 만들고 계수나무 돛대를 달아 모시고 오라."

유천간을 비롯한 신하들은 김수로왕의 말을 믿고 바닷가로 나갔습니다. 과연 그곳에는 주황색의 깃발과 붉은 돛을 단 배가 들어와 있었습니다.

유천간은 얼른 달려가 보았습니다. 배에는 여러 명의 종을 거느린 아름다운 공주가 누군가를 기다리고 있었습니다.

"공주님, 지금 대왕께서 기다리고 계시옵니다."

유천간이 말했습니다. 그러나 공주는 고개를 저었습니다.

"나는 그대들을 처음 보는데 어찌 함부로 따라간다는 말이냐?"

유천간은 하는 수 없이 다시 수로왕에게 달려가 공주의 말을 전했습니다.

"그렇다면 내가 수레를 타고 나가 공주를 맞이하겠노라."

그리고 수로왕은 궁궐 앞으로 나아가 커다란 장막을 치고 공주를 기다렸습니다. 그런 뒤에야 공주는 신하들을 따라 수로왕 앞에 이르렀습니다.

"소녀는 인도의 아유타라는 나라의 공주이옵니다. 성은 허씨이옵고, 이름은 황옥이라 하옵니다. 어느 날 꿈을 꾸었는데 하느님께서 말씀하시기를, 가락국의 임금, 수로는 하늘이 내려보낸 신성한 사람이니 얼른 가서 왕비가 되라 하셨사옵니다."

"나는 공주가 오리라는 것을 미리 알고 있었소. 그래서 신하들이 왕비를 맞으라는 간청이 있었음에도 따르지 않고 기다렸던 것이오. 이제 공주를 만났으니 천만다행이오."

김수로왕은 허황옥을 왕비로 맞아들였습니다. 이렇게 가야의 역사는 시작되었습니다.

그러나 6개의 가야는 532년(법흥왕 19년)에 금관가야를 시작으로 하여 나머지 가야들도 모두 신라에 합쳐졌습니다. 가야 출신의 인물 중에는 김유신과 가야금의 명수 우륵이 있습니다.

> ✅ **음악가 '우륵'**
>
> 우륵은 가야국 가실왕과 신라 진흥왕 때 악사로 활약한 가야금의 명인이에요. 대가야 가실왕 때 쟁을 본떠 가야금을 만들었고, 〈상가야〉, 〈하가야〉 등 12곡을 지었지요. 본래 가야 사람이었지만 가야가 망하기 11년 전 신라로 귀화했어요.

⬇ 숭선전. 허 왕후의 위패를 모신 곳

저기요, 선생님! 이런 게 궁금해요

거북의 노래와 여섯 개의 알

왜 삼국 안에 가야는 없나요?

고구려, 백제, 신라 이렇게 세 나라가 있었던 때를 삼국 시대라고 해요. 그런데 이 세 나라가 있을 때 '가야'도 존재했다는 사실을 알고 있나요? 그렇다면 '사국 시대'라고 불러야 할 텐데 말이지요.

가야는 학자에 따라 여러 이름으로 불려요. 가락, 가라 등으로 불리기도 하지요. 가야의 원래 뜻은 '강'이나 '겨레' 정도로 해석되고 있어요. 가야는 낙동강 하류를 중심으로 생긴 소국들을 합쳐서 일컫는 말이에요. 이 가운데 6개의 나라가 세력이 강했어요. 대가야(대구 고령), 아라가야(함안 진해 창원), 본가야(김해 웅천)가 특히 힘이 셌지요. 어떻게 작은 나라들이 강할 수 있냐고요?

일단 가야는 지리적으로 아주 좋은 자리에 위치했어요. 땅이 기름져서 농사를 짓기 좋았고, 강과 바다가 맞붙은 곳이라 해산물이 풍부했지요. 중국의 한나라와 왜나라 사이에 해상 무역도 활발했지요. 이런 덕분에 외국의 문물을 일찍부터 받아들일 수 있었답니다.

뿐만 아니라 가야는 철을 일찍부터 사용했기 때문에 힘이 강했어요. 이런 가야가 '삼국'에 비해 주목받지 못한 이유는 각각의 소국들이 자신의 목소리를 내다 보니 힘을 하나로 모으기가 힘들었기 때문이에요. 게다가 고구려, 백제, 신라가 틈만 나면 간섭을 해왔어요.

○ 숭안전. 역대 가야왕의 위패를 모신 곳

고구려, 백제, 신라의 경우에도 처음에는 소국이 합쳐서 구성된 연맹 국가였어요. 하지만 곧 한 명의 왕이 전체를 통치하는 중앙 집권 국가로 변했지요. 힘을 하나로 모아서 움직인 삼국과 그렇지 못한 가야! 가야가 삼국 시대에 끼지 못했던 것은 바로 그런 이유 때문이랍니다. 가야는 이후에 신라에 정복되지요.

철의 나라 가야

◐ 가야의 왕관

우리나라에서 발견되는 철갑옷의 90% 이상이 가야 지방에서 발견되고 있어요. 또 가야의 고분에서도 철로 만든 철창, 쇠칼, 도끼 등의 유물들이 많이 발견됩니다. 가야가 얼마나 풍부하게 철을 가지고 있었는지 짐작할 수 있어요. 여러 나라에 수출까지 했을 정도지요. 자, 이렇게 철이 많아서 뭐가 좋으냐고요? 철로는 단단하고 날카로운 무기와 농기구를 만들 수 있어요. 철을 많이 가질수록 힘이 센 나라가 될 수 있었지요. 실제로 가야는 초기 신라보다 강한 나라였어요.
하지만 532년(신라 법흥왕 19년)에 금관가야가 신라에게 합쳐지면서, 하나 둘 사라지기 시작했어요.

청동기에서 철기로

철기를 사용하기 시작하면서 농업 생산력이 크게 확대되었어요. 철기로 만든 농기구와 무기는 그 이전의 어떤 무기나 도구 보다 단단했으니까요. 이러한 철기구의 도움으로 농사의 규모는 더욱 확대되었고, 군대는 훨씬 강해졌어요. 철기의 힘을 바탕으로 강한 지도자도 생겨났고, 나라가 생기게 됐지요. 이러한 이유로 철은 옛날부터 중요하게 여겨졌어요.

◐ 가야의 철갑옷

선생님과 역사 읽기 ••• 신화를 찾아서

건국 신화마다 나오는 이야기가 있다고요?

신화는 나라가 세워진 배경을 상징적으로 표현한 이야기입니다. 그래서 나라마다 자기 나라의 권위를 세우기 위해 지어진 건국 신화가 있는데, 여기에는 몇 가지 공통점을 찾을 수 있습니다.

첫 번째 공통점은 '알'입니다. 눈치 빠른 친구들은 벌써 짐작했다고요? 고구려의 동명성왕(고주몽), 신라의 박혁거세, 가야의 김수로왕은 모두 알에서 태어났습니다. 왜 알이냐고요? 그것은 나라를 세운 사람들은 다른 사람과 다르다는 것을 보여 주기 위함입니다. 보통 사람과는 달리 알에서 태어났으며, 이것은 곧 하늘의 뜻으로 태어났음을 말하는 것이지요. 그리고 이것은 왕권의 신성함과 연결됩니다.

두 번째 공통점은 '하늘'입니다. 나라를 세운 사람들은 모두 하늘의 영기를 받아 태어났다고 설정되어 있습니다. 주몽은 태양의 빛, 혁거세는 하늘의 백마, 수로는 하늘에서 내려온 상자에서 각각 태어났지요. 이것 역시 알과 마찬가지로 왕권의 신성함을 보이기 위한 목적으로 만들어진 설정입니다.

세 번째는 '강(물)'입니다. 고구려는 '우발수'에서, 신라는 '알천'에서, 가야는 '계욕일(강이나 냇가에서 몸을 깨끗이 씻는 날)'에 신들과 만납니다. 이처럼 건국 신화에서 강이나 물이라는 공통점이 발견되는 것은 당시 사람들에게 물이 상당히 중요했다는 것을 의미합니

계림. 김알지가 태어난 숲

다. 물은 생명의 근원이며 농사를 짓는 데 없어서는 안 될 자원이므로 신화에서 빠질 수 없는 대상이 된 것입니다.

김알지 설화

탈해 이사금이 나라를 다스리던 때의 일입니다. 어두운 밤, 호공이 월성을 지나다가 눈부신 빛이 시림에 내리는 것을 보았습니다. 기이한 일이라 생각한 호공은 다가가 자세히 살펴보니 자줏빛 구름이 하늘에서 땅까지 뻗치는 것이 보였습니다. 그리고 그 빛의 끝에는 나무 한 그루가 있었는데 놀랍게도 그 위에 황금 궤짝이 걸려 있었습니다. 빛의 정체는 바로 그 궤짝에서 나온 것이었습니다. 그 나무 아래는 흰 닭 한 마리도 울고 있었습니다.

이를 신기하게 여긴 호공은 왕에게 아뢰었고, 왕은 직접 행차하여 궤짝을 열어 보았습니다. 그랬더니 그 안에서 남자 아이 하나가 빙긋 웃고 있었습니다. 왕이 아이를 데리고 궁궐로 돌아가려고 하자, 하늘에서는 온갖 새가 날고, 땅에서는 짐승들이 무리를 지어 따랐습니다.

그 아이가 바로 김알지였습니다. 김알지는 훗날 김씨의 시조가 되었고, 그 자손 중 미추가 왕에 오르게 됩니다. 바로 미추왕이지요.

이웃나라 신화 엿보기-중국의 신화

중국의 역사책에 보면 삼황오제가 등장해요. 삼황오제란, 고대 중국의 전설적 제왕들을 말해요. 이들 중 황제는 바로 중국인들의 시조지요. 사마천의 사기에도 보면, 중국은 황제로부터 시작되며 황제 뒤에 전욱 고양제, 곡 고신제, 요제, 순제로 이어진다고 기록되어 있습니다. 중국의 황제 신화는 다음과 같아요.

중국의 시조 황제는 다른 부족 연합과 두 번에 걸쳐 큰 싸움을 하게 됩니다. 이때 곰과 호랑이 군대의 도움을 받아 싸움에 승리하고, 요쉉 지방에 통일 국가를 건설하지요. 황제는 쿤룬산에서 300살까지 살다가 하늘로 올라가 옥황상제가 되었다고 합니다.

이 신화에서 등장하는 곰과 호랑이 군대는 우리 단군 신화에서와 같이 실제 동물이 아니라 그러한 동물을 숭배하는 부족 집단을 말하는 거예요.

선생님과 역사 읽기 ••• 옛날 사람들은 어디서 살았나요?

동굴집

선사 시대에 주거지로 이용되었던 충북 단양의 고수 동굴

구석기 시대 사람들은 먹을 것을 찾아 떠돌아 다녔기 때문에 굳이 집이 필요 없었어요. 그래서 집 대신 적당한 굴이나 바위 틈에 들어가서 생활을 했지요. 굴 앞에 불을 피워 놓으면 추위와 맹수의 공격에서 피할 수 있었어요.

땅을 파서 집을 지어요

신석기 시대에 농사를 짓기 시작하면서 수확 때까지 기다리기 위해서는 한 곳에 머물러 살 수 있는 집이 필요했어요. 그러나 처음엔 집을 짓기 위한 변변한 도구와 기술이 없었기 때문에 땅을 깊이 파고 움집을 지었죠. 지붕을 땅 끝까지 내리고 파낸 땅의 옆면이 벽의 구실을 하게 되고 추위도 피할 수 있었지요.

움집. 선사 시대의 집

지붕을 올렸어요

청동기 시대에 이르러 움집의 바닥은 공간 활용이 좋도록 네모나게 변했어요. 지붕도 점차 땅 위로 올라갔지요. 그리고 요리와 난방을 위해 화덕을 설치했는데 공간을 더 넓게 하기 위해 집의 가장자리에 설치했답니다.

초가집을 지어요

움집은 땅을 파내고 지었기 때문에 축축한 습기가 올라오고 드나들기도 불편했어요. 지붕이 낮으니 바람도 잘 통하지 않았죠. 그래서 이러한 단점을 보완하기 위해서 집을 땅 위에 짓기 시작했어요. 하지만 땅 위에 집을 지으려면 처마를 올리기 위한 높은 기둥과 벽이 필요 했죠. 이러한 일들을 가능하게 해 준 도구가 바로 철기랍니다. 단단한 쇠도끼와 같은 도구들은 나무를 베어 기둥을 만들 수 있게 해 주었죠. 그리고 농사를 통해 얻어진 볏짚을 이용하여 지붕을 만들어 올렸어요. 바로 초가집이 탄생된 것이죠. 볏짚은 단열성이 좋아 여름에는 시원하고 겨울에는 따뜻한 실용적인 재료였답니다.

초가집

기세등등한 기와집으로

하지만 초가집에도 문제가 있었어요. 볏짚은 비나 눈을 맞으면 썩기 때문에 번번이 갈아 주어야 했죠. 그래서 등장한 것이 바로 기와집이에요. 기와는 흙으로 빚어 만든 것으로 벽돌을 쌓아 벽을 만들 듯이 한 장 한 장을 이어 지붕을 만드는 재료였죠. 우리나라 사람들이 언제부터 기와집을 지었는지 정확히 알 수는 없으나 이미 삼국 시대에 기와집이 지어졌다고 해요. 사람들은 이 기와에 귀신을 쫓는 도깨비를 그려 넣거나 불교의 영향을 받은 연꽃 무늬 등을 그려 넣었어요.

기와에도 암수 짝이 있어요

기와집 하면 하늘로 날아오를 듯한 날렵한 처마 곡선이 생각나지 않나요? 이 곡선의 비밀은

기와집(조선 시대)

연꽃무늬 수막새(백제 시대)

부여 정림사의 기와 조각

바로 서까래에 있답니다. 서까래는 집의 골격을 만들 때 기와를 얹을 수 있도록 비스듬하게 놓는 나무를 말해요. 이 나무들의 길이와 놓는 각도를 조정하면서 설치하면 곡선 모양의 지붕이 나올 수 있지죠. 이러한 지붕은 외관상 아름다울 뿐만 아니라 빗물을 막는 데도 효과적이었답니다.

그런데 기와에도 암수 짝이 있다는 걸 알고 있나요? 나사에 암나사와 수나사가 있는 것처럼 기와에도 암기와와 수기와가 있답니다. 암기와는 폭이 넓은 것을 말하고 수기와는 폭이 좁고 볼록한 것을 말해요. 기와잇기를 할 때 먼저 암기와를 깔아 놓은 다음 암기와끼리 맞닿은 부분에 수기와를 올려 빗물이 그 사이로 빠지게 만들었죠. 기와의 끝부분은 아름다운 무늬가 새겨진 기와로 장식했는데 이것을 '수막새'라고 합니다. 혹시 경주에서 흔히 볼 수 있는 '얼굴무늬 수막새'를 본 적이 있나요? 그게 지붕 재료라는 걸 알고 있는 친구는 별로 없을 거예요. 그리고 수막새 역시 마무리하는 기와의 종류에 따라 암수가 구별된답니다.

산타 할아버지가 굴뚝으로 들어올 수 없다고요?

창덕궁 대조전 굴뚝

서양에서는 큰 벽난로와 연결된 넓은 굴뚝을 타고 산타 할아버지가 내려와 선물을 주고 간다죠? 그런데 우리나라 굴뚝으로는 불가능해요. 왜 그럴까요? 바로 서양과는 다른 우리만의 독특한 난방 장치인 온돌 때문이랍니다.

온돌은 처음에 '구들'이라는 말로 쓰였어요. 추운 북쪽 지방에서 시작된 구들은 바닥에 돌을 깔고 아궁이에 불을 지펴 돌을 달굼으로써 방을 따뜻하게 하는 방법이지요. 따라서 우리나라 굴뚝은 바닥에서 시작되는 좁은 모양을 하고 있어요. 그러니 아무리 날씬한 산타 할아버지가 우리 굴뚝을 타고 내려온다고 해도 방으로 못 들어가고 뜨거운 불길과 마주하게 되지요. 구들은 한 번 열을 받으면 쉽게 식지 않아 오랫동안 따뜻하고, 여름에는 서늘한 돌의 기운 때문에 바닥이 시원하답니다.

하지만 바닥부터 데우다 보니 아무래도 방 공기가 쌀쌀할 수밖에 없었어요. 그래서 등장한 것이 바로 할머니가 옛날 이야기를 들려 줄 때 모두가 둘러앉는 화로랍니다.

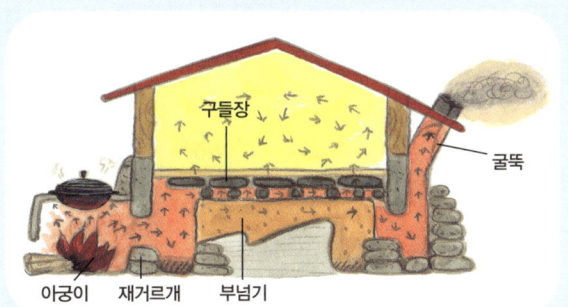

온돌 구조

화로

북쪽에는 온돌? 남쪽에는 마루!

마루가 무엇인지 모르는 사람은 드물겠죠? 마루는 더운 남쪽 지방에서 발달한 것으로 '마

햇빛이 잘 들면서도 시원한 대청마루

루'란 우리말로 '높은 곳'을 뜻하지요. 땅 위로 어느 정도 떨어지도록 높이를 두고 펼쳐진 넓은 공간을 말해요.

마루를 언제부터 만들어 사용했는지 정확한 기록은 없지만 삼국 시대부터라고 추측하고 있어요. 주거용보다는 잡다한 일을 처리하는 공간으로 사용되었다고 합니다. 마루는 여름철 더위를 피하기 위한 공간으로 많이 쓰이는데 오늘날 원두막도 일종의 마루라고 볼 수 있죠. 그리고 방과 방 사이에 있는 대청도 큰 마루예요.

대청은 햇빛이 들어오지 못하도록 처마로 막아 주고, 앞뒤가 뚫려 있어 바람이 잘 통해 여름철에 아주 시원하답니다.

친환경 집

우리나라는 기후 차이가 심해 각 지역의 기후에 따라 독특한 재료를 사용하여 알맞은 구조로 집을 만들어 사용했답니다. 추운 북쪽에서는 집 안에 바람이 들어오지 않게 부엌과 외양간 등을 집 안에 두는 전(田)자형으로 집을 지었어요. 물론 시원한 대청 마루는 필요 없었겠죠? 반면에 더운 남쪽에서는 방 사이로 바

귀틀집

너와집

람이 잘 통하도록 넓게 일(一)자형으로 많이 지었죠.

한편 기후에 따라 지붕의 모습도 달랐답니다. 제주도는 워낙 바람이 세게 불기 때문에 지붕이 날아가지 않도록 동아줄로 지붕을 단단히 묶고 돌로 벽과 담을 쌓았지요.

그리고 울릉도는 눈이 많이 오는 곳이기 때문에 지붕이 튼튼해야 했어요. 지붕이 눈의 무게를 감당하지 못하고 내려앉으면 큰일이니까요. 그래서 지붕을 튼튼히 떠받칠 수 있도록 기둥을 우물 정(井)자로 쌓는 귀틀벽을 만들었죠. 그리고 집 안에 눈이 들어오지 못하도록 벽 바깥에 짚이나 풀로 또 하나의 벽(우데기 벽)을 만들었어요.

반면 강원도나 함경도는 벼농사가 어려워 볏짚을 구하기 힘들었어요. 그래서 초가 지붕 대신 쉽게 구할 수 있는 통나무로 벽을 쌓고 나무를 쪼개 지붕을 덮었습니다. 그것이 '너와집'이지요. 어때요? 이만하면 우리 조상들은 이미 친환경 주거 공간을 갖고 있었던 거겠죠.

제주도 옛집
제주에는 바람이 많아서 집을 지을 때도 이런 점을 고려해 낮게 지었으며, 지붕도 여러 번 엮어 날아가지 않게 하였다.

거대한 고구려와 싸워 이긴 근초고왕

근초고왕은 백제를 위협하는 고구려를 격파하고, 주변 국과도 관계를 넓혔습니다.
특히 일본에 앞선 문화를 전달하는 등 나라 안팎으로 백제의 위상을 높였습니다.

백제를 얕보지 마라

근초고왕이 임금이 되었을 무렵, 백제는 몹시 위태로웠습니다. 바로 고구려 때문이었습니다. 고구려는 백제와 고구려 사이에 있던 낙랑국(고조선을 멸망시킨 중국의 한나라가 한반도 북쪽에 세워 놓은 나라를 말해요)을 격파하더니 점차로 백제를 향해 내려오고 있었습니다.

369년 고구려의 고국원왕은 보병과 기병을 합해 모두 2만 명의 병력을 이끌고 치양(지금의 황해도 배천 또는 그 근방으로 알려져 있어요)으로 진격해 들어왔습니다.

"폐하, 고구려가 국경을 넘었습니다. 서둘러 조공을 보내 전쟁을 피하는 것이 어떻겠사옵니까?"

신하들은 겁을 먹고 있었습니다. 대륙을 차지한 고구려와 싸워 보았자 별

로 승산이 없으리라 생각했던 것입니다.

그러나 근초고왕은 겁먹지 않았습니다. 근초고왕은 근구수 태자(뒷날 백제의 14번째 임금인 근구수왕이 되어요)까지 이끌고 직접 전쟁터로 나섰습니다. 과연 어릴 때부터 체격이 크고 남달리 아는 것이 많았던 근초고왕은 고구려군의 전술을 미리 알아차리고 새로운 작전으로 고구려군에 맞섰습니다. 근초고왕은 무려 5천여 명의 고구려군을 죽이고 백제의 깃발을 치양 땅에 꽂았습니다. 그로부터 2년 뒤 고구려군이 다시 기습해 왔을 때도 근초고왕은 패하(황해도 예성강)에 군사들을 매복시켜 고구려군을 전멸시켰습니다.

그런 직후의 일이었습니다.

"폐하! 우리가 이렇게 앉아서 고구려군을 기다릴 게 아니라, 아예 고구려의 심장을 먼저 기습하는 것이 어떠하겠사옵니까? 옛말에도 공격이 최선의 방어라고 하지 않았습니까!"

"이를 말이겠느냐? 나 역시 그렇게 할 참이었느니라. 태자가 선봉장을 맡아 즉시 평양으로 진격하라!"

근초고왕의 명령을 받은 태자는 즉시 평양성으로 진격했습니다.

그러나 평양성

의 고구려군은 생각보다 강했습니다. 이미 두 번씩이나 크게 패한 뒤여서 고구려군은 철저히 백제의 공격에 대비하고 있었던 것입니다.

그 무렵, 태자에게 아주 특별한 손님이 찾아왔습니다.

"태자님, 저는 고구려 장수 사기라 하옵니다. 저는 오래전에 백제의 장수였사온데, 큰 죄를 짓고 겁이나 고구려에 도망해 있었사옵니다. 이제라도 죄를 용서받고 싶어 태자님께 고구려군을 격파할 좋은 묘책을 알려 드리러 왔사옵니다."

사기의 말에 태자는 귀가 솔깃해졌습니다.

"뭣이? 그 좋은 방법을 어서 말하여라!"

"태자님, 비록 고구려 병사들의 숫자는 많지만 대부분 하찮은 졸개들입니다. 고구려군의 용맹한 장수와 병사들은 붉은 깃발 아래 모인 자들뿐이옵니다. 깃발을 보고 그 아래를 공격하시면 틀림없이 이길 수 있을 것이옵니다."

사기의 말을 들은 태자는 고구려 병사들의 움직임을 유심히 엿보았습니다. 과연 사기의 말대로 붉은 깃발 아래 모인 병사들만이 용맹스러워 보였습니다.

㉠ 산수산경무늬 벽돌

㉡ 산수봉황무늬 벽돌

태자는 병사들을 향해 외쳤습니다.

"백제의 병사들은 들어라. 저 붉은 깃발 아래에 있는 고구려 병사들을 집중 공격하라!"

태자의 명령이 떨어지자 백제 병사들의 공격이 붉은 깃발 아래쪽으로 집중되었습니다. 붉은 깃발 쪽으로 화살이 날아들었고 날쌘 장수와 병사들이 그쪽을 향해 창검을 휘두르며 달려 나갔습니다.

그러던 순간이었습니다.

"고구려 임금이 활에 맞아 쓰러졌다!"

백제 병사들 중 하나가 외쳤습니다. 백제의 병사들은 일제히 붉은 깃발 쪽을 쳐다보았습니다.

과연 그랬습니다. 붉은 깃발 아래서 고구려 병사들을 지휘하던 고구려의 고국원왕이 백제군의 화살에 맞아 쓰러졌던 것입니다.

근초고왕과 백제 영토

근초고왕 때 백제는 가장 널리 영토를 넓혔습니다. 근초고왕은 고구려를 공격하고, 중국 동진과 국교를 맺었으며, 특히 왜나라로 진출하여 문물을 전달하고, 군사력까지 영향을 미치는 등 정복적 팽창 사업을 강하게 추진하였습니다.

백제의 도읍지

백제는 세 개의 도읍지가 있어요. 백제의 첫 도읍지는 한강 부근에 세운 위례성(한산 또는 한성으로 표기해요)이에요. 이 후 고구려에 패하여 도읍지를 웅진, 지금의 충청남도 공주로 옮기게 되지요. 성왕 때는 고구려의 공격에 대비해 마지막 도읍지 사비로 옮겨요. 지금의 부여지요.

ⓒ 산경치도깨비무늬 벽돌

ⓔ 연꽃도깨비무늬 벽돌

← 백제의 벽돌 무늬들(ㄱ~ㄹ)

　덕분에 백제군의 사기는 드높이 치솟아 올랐습니다. 고구려군은 자신의 임금이 활에 맞아 전사하자 사기가 떨어져 도망치기 시작했습니다.
　"공격하라! 고구려 병사들의 뒤를 쫓아 섬멸하라!"
　곧 태자는 앞장서서 고구려군의 뒤를 쫓아가기 시작했습니다. 그때 태자를 말리는 사람이 있었습니다. 바로 막고해라는 장수였습니다.
　"태자님! 오래전에 중국의 도가라는 학자의 말에 따르면 '만족을 알면 욕되지 않을 것이며, 그칠 줄 알면 위태롭지 않다.'고 하였습니다. 지금 우리 백제군이 고구려 임금까지 죽였고 이미 승리의 깃발을 쥐고 있는데 무얼 더 바라겠사옵니까? 여기서 군사를 돌리시옵소서."
　그 말에 태자는 말을 멈추었습니다. 생각 같아서는 끝까지라도 쫓아가고 싶었지만 막고해의 말이 옳다는 생각이 들어서였습니다.
　태자는 아버지 근초고왕을 모시고 백제로 되돌아왔습니다.
　근초고왕은 전투에서 승리한 장수와 병사들에게 크게 상을 내리고 잔치를 열었습니다. 그토록 강한 고구려도 근초고왕이 백제를 다스리는 동안에는 함부로 백제 땅을 밟지 못했습니다.

백제는 일본도 다스렸다?

날씨가 화창한 어느 날이었습니다.

"폐하, 왜국에서 사신이 당도했사옵니다. 왜국의 사신이 장식에 쓸 큰 구슬을 보내 달라고 하옵니다."

"허허, 구슬이라고? 하긴 왜국이 아직 미개하니 우리 백제가 도와야 하지 않겠느냐? 어서 구슬을 보내 주고 옷 만드는 기술자도 보내 주도록 하라. 또한 섬나라 사람들은 배운 것이 없을 테니 학자를 보내 학문을 가르치도록 하라."

근초고왕은 비록 바다 건너에 있지만 왜국과도 친하게 지낼 필요가 있다고 생각했습니다. 그것은 무역을 위해서나 전쟁이 났을 때를 대비해서 꼭 필요한 일이었습니다.

마침내 임금의 명령으로 학자 아직기가 왜국으로 떠났습니다.

이때 아직기는 말 두 필과 칼, 그리고 거울을 가지고 갔습니다.

"오오, 백제의 임금께서 우리에게 이런 보물을 선물했단 말이냐!"

아직기가 왜국에 도착하자 백성들은 물론 임금까지 달려 나와 환영했습니다. 왜국의 왕은 선물을 받아들고 몹시 기뻐했습니다. 어찌 보면 보잘것없는

○ 성천. 왕인 박사가 공부할 때 마셨다는 샘물

물건에 불과했지만 당시 왜국에는 그보다 훌륭한 선물이 없었습니다.

특히 말은 왜국의 모든 사람들을 감동시켰습니다. 왜냐하면 왜국은 섬나라여서 좋은 말이 없었기 때문이었습니다. 그래서 말을 타고 싸우는 기병도 없었습니다.

왜국의 왕은 만약 백제에서 좋은 말만 보내 준다면 그 말을 잘 길러 나중에는 자신들도 훌륭한 기병을 얻을 수 있을 거라고 생각하고 있었습니다.

이윽고 왜국의 왕은 아직기에게 부탁했습니다.

"백제의 사신은 들으시오. 우리 학자들에게 깊은 학문을 깨닫게 하고, 저 말을 잘 키울 수 있도록 도와주시오."

그런 부탁으로 아직기는 말을 돌보며 왜국의 왕자와 귀족들에게 학문을 가르치기 시작했습니다.

왜국의 왕은 만족스러워 했습니다. 왜나라는 섬나라였던 탓에 쉽게 다른 나라의 발달된 학문을 접할 기회가 없었기 때문이었습니다.

그 때문에 왜국의 왕은 또 다른 욕심을 부렸습니다.

✔ 대학 합격의 신, 왕인

사실 왕인이 정확히 언제 일본으로 건너갔는지는 명확하지 않습니다. 백제에서 건너간 왕인은 학문의 신, 왕인 박사로 일본에서 추앙받고 있어요. 현재까지도 일본 수험생들은 대학 합격을 위한 신으로 모시고 있지요.

"백제의 사신께 부탁이 있소. 그대 정도의 학식을 갖춘 학자를 한 명만 더 우리나라(왜국)로 보내 주시겠소?"

왜왕의 끈질긴 부탁에 백제의 왕은 왜국에 학식이 뛰어난 학자를 보내기로 하였습니다.

백제 왕의 명령으로 왜나라에 건너간 학자는 왕인이었습니다. 왕인은 〈천자문〉과 〈논어〉를 가지고 왜국의 땅을 밟았습니다. 왕인은 왜국 왕의 아들의 스승이 되었고 오래도록 왜국의 귀족들을 가르쳤습니다. 왜국은 백제를 잘 섬기며 따랐습니다.

백제의 왕도 그런 왜국을 잘 보살펴 주며 왜국의 왕에게 신비한 칼을 하사(높은 사람이 낮은 사람에게 선물하는 것을 말해요)했습니다. 바로 '칠지도(七支刀)'라고 하는 칼이었습니다.

그것은 칼날이 일곱 갈래여서 붙여진 이름이었습니다.

칼의 한쪽 면에는 이런 글이 쓰여 있었습니다.

● 칠지도 모형

○○년 ○월 16일 한낮에 백 번을 다듬은 강철의 칠지도를 만들었노라. 전쟁에 나가 많은 적을 물리칠 수 있으므로 이 칼을 마땅히 후왕(侯王)에게 준다.

강성한 백제의 위상을 다시 한 번 떨치는 일이었답니다.

✓ 칠지도

현재 일본 덴리시의 이소노카미 신궁에 보관되어 있는 칠지도는 국보로 지정되었을 만큼 일본인들에게 귀한 보물입니다. 일본 학자들 중에 백제가 일본 왕에게 바쳤다고 주장하기도 하지만 당시 시대적 상황으로 중국까지 강한 세력을 뻗친 백제가 그랬다는 것은 설득력이 없습니다. 다만 칠지도를 왜국에 하사한 백제의 왕이 누구인지 정확히 전해지지는 않습니다.

저기요, 선생님! 이런 게 궁금해요

거대한 고구려와 싸워 이긴 근초고왕

중국까지 세력을 뻗친 해상 국가 백제

백제는 해상 강국이었어요. 바다에서는 그 누구도 당할 자가 없었지요. 그래서 큰 대륙인 중국도 백제를 몹시 두려워했어요. 동북 아시아에서 백제에 맞설 수 있는 국가는 하나도 없었어요. 고구려를 호령하던 광개토대왕마저도 백제 수군 앞에서는 겁을 먹었다고 해요.

백제의 힘이 아무리 세도 중국까지 세력을 미쳤다는 사실을 믿을 수 없다고요? 학자들은 백제가 중국의 서남부(요서부) 지방을 정복하고, '담로'라는

● 백제의 영토. 몇몇 학자들의 말에 따르면, 백제는 이 당시 일본뿐만 아니라 중국의 요서 지방도 다스렸다고 한다.

기관을 두고 다스렸다고 해요. 지금도 중국에 '담로'라는 마을이 남아 있어요. 그리고 아직도 백제의 관습을 지키며 사는 사람들이 있고요.

왜나라 문화의 아버지는 우리나라?

일찍부터 바닷길을 개척했던 백제는 다양한 중국 대륙의 문화를 수입하였습니다. 또한 이를 불교 문화와 접목시켜 백제만의 독특한 문화 예술을 창조해 냈습니다. 특히 반가사유상은 훗날 삼국 시대 최고의 불교 예술품으로 꼽히고 있지요. 백제는 이런 발달한 문화를 왜나라에 전해 주는 다리 역할도 했어요. 삼국 시대, 왜나라는 섬나라였던 탓에 발달이 늦었답니다. 그 때문에 백제와 신라, 고구려에서 많은 문물을 받아들였습니다. 백제의 왕인 박사와 아직기 등이 특히 불교 전파에 힘썼는데, 불상

과 절을 짓는 기술자를 포함해 미륵상과 같은 불상도 많이 전해 주었지요. 뿐만 아니라 비구니들까지 보내 가르침을 전했는데, 일본의 왕은 백제의 불교에 영향을 받아 조상 대대로 믿던 전통 신앙을 버리고 불교에 빠지기도 했답니다. 이런 덕택에 왜나라는 불교와 관련된 예술이 발달하였습니다.

백제 말고도 신라와 고구려도 왜나라에 영향을 미쳤지요. 특히 고구려는 정식으로 사신을 보내 고구려 왕의 국서를 전달하기도 했고 고구려의 승려 담징은 일본으로 건너가 종이와 먹을 만드는 법을 가르쳐 주었으며 법륭사(호류사)의 벽화를 그리게 하였답니다. 이렇게 왜나라는 백제와 신라, 고구려의 도움으로 많은 문화적인 혜택을 받았답니다.

◐ 반가사유상

◐ 금당벽화

◐ 법륭사

대륙의 주인이 된 광개토대왕

광개토 대왕은 아래로는 백제와의 전투를 승리로 이끌고,
위로는 여러 부족들을 차례로 정복하여 고구려 땅을 북만주까지 넓혔습니다.

복수를 위해서, 드넓은 평야를 위해서

　열여덟 살 때 임금의 자리에 오른 광개토대왕의 가장 큰 관심은 고구려를 그 어떤 나라보다 강하게 키우는 일이었습니다. 그러기 위해서는 우선 넓은 땅이 필요했습니다.

　광개토대왕은 우선 백제에 손을 댔습니다. 할아버지(광개토대왕의 할아버지는 고국원왕을 말해요. 백제 근초고왕의 군사들과 싸우다 전사했지요)의 원수를 갚기 위해서, 그리고 무엇보다 백제가 차지하고 있는 남쪽 땅의 기름진 평야가 필요했기 때문이었습니다.

　광개토대왕이 백제로 진군한 이유는 이것 말고도 또 하나가 더 있었습니다.

　북쪽의 여러 오랑캐 무리들을 정복하기 위해서였습니다.

◐ 광개토대왕

즉 북쪽의 오랑캐 무리들을 처부수려면 온 힘을 집중해야 하는데, 그러기 위해서는 뒤쪽의 백제가 침략하지 못하도록 해야 했습니다. 자칫 백제를 그냥 두고 북쪽으로만 군사를 보내다 보면 오히려 백제의 공격을 받을 수 있기 때문이었습니다.

임금이 되던 해(391년) 7월, 광개토대왕은 4만 명의 군사를 이끌고 백제로 향했습니다. 이 첫 싸움에서 광개토대왕은 열 개의 성을 빼앗고 한강 이북의 땅을 손에 넣었습니다.

그러나 그것은 시작일 뿐이었습니다. 그해 겨울, 광개토대왕은 백제의 견고한 방어 요새인 관미성(지금의 강화도 교동도, 또는 경기도 파주 부근이에요)을 공격해 손에 넣었습니다. 그리고 성을 되찾기 위해 달려드는 백제군을 매번 물리쳤습니다. 한때 백제의 진사왕이 직접 청목령(지금의 개성 부근이죠)으로 진군했지만 그들의 군대 역시 격퇴시켰습니다.

396년, 광개토대왕은 이윽고 백제에 최후의 일격을 가했습니다. 이때 광개토대왕은 수군과 육군을 동시에 동원했습니다. 특히 광개토대왕은 기병 2만을 거느리고 직접 백제의 도읍 한성을 향해 진격했습니다. 백제의 방어선은 광개토대왕이 휘두르는 칼에 오래 버티지 못했습니다.

> ✓ **데릴사위**
>
> 고구려에는 결혼을 한 뒤 자식을 낳고 본가(남자 집)에 들어갈 때까지 처가(여자 집)에 머물러 사는 '데릴사위' 제도가 있었어요. 이는 노동력이 중요한 시절, 갑자기 결혼하여 여자 집에 일손이 부족한 현상을 보완하기 위해 생긴 제도랍니다.

백제의 군사들은 광개토대왕의 이름만 들어도 벌벌 떨며 도망갔고, 반대로 고구려군은 사기가 하늘을 찌를 듯 했습니다.

백제의 아신왕은 광개토대왕이 도성 30리 밖에 이르렀을 때 스스로 걸어 나와 광개토대왕 앞에 무릎을 꿇었습니다.

"대왕이시여, 앞으로 영원히 고구려를 받들겠나이다."

그리고 아신왕은 남녀 1천 명과 베 1천 필을 광개토대왕에게 바쳤습니다. 여기에 더하여 광개토대왕은 백제의 58개 성을 고구려의 것으로 만들고 7개의 마을도 빼앗았습니다. 그리고 만약을 위해서 아신왕의 동생을 비롯한 귀족 10명을 인질로 데려갔습니다.

가자 북으로!

남쪽의 세력을 정리한 광개토대왕은 이제 북쪽의 여러 부족들을 하나씩 차례로 정복해 나갔습니다. 광개토대왕이 가장 먼저 손을 댄 무리들은 비려족(거란의 한 민족이에요)이었습니다. 비려족은 아버지 고국양왕이 나라를 다스릴 때부터 끊임없이 국경을 넘나들면서 고구려의 마을을 약탈하거나 사람들을 납치해 갔기 때문이었습니다.

"비려족의 심장 한가운데로 진격하라. 이제 더 이상 비려족이 고구려를 넘보는 일이 없도록 하겠노라. 고구려의 백성이 되려는 자는 살려 주고 맞서는 자는 가차 없이 베어라!"

 이 싸움에서 광개토대왕은 비려족 군사와 백성 5백여 명을 포로로 잡았고, 오래전에 비려족에게 끌려갔던 고구려 사람 1만 명을 구해서 돌아왔습니다.

 그러나 그것에 만족할 광개토대왕이 아니었습니다.

 광개토대왕이 다음으로 칼을 내민 상대는 숙신족(흔히 말갈족으로 불렸어요)이었습니다. 이들은 만주와 백두산 근방에 살면서 고구려 마을을 노략질했습니다. 뿐만 아니라 백제와 신라까지 손을 뻗쳐 온갖 나쁜 짓을 일삼고 있었습니다.

 398년 광개토대왕은 이 지역으로 군사를 파견했습니다. 명령을 받은 군사들은 숙신족의 근거지를 휩쓸고 난 뒤 3백여 명의 숙신

↑ 맥궁

✔ 맥궁

고구려의 기마병들이 쓰던 맥궁은 말을 달리면서도 화살을 쏠 수 있도록 유연성 있게 만들어졌어요. 맥궁은 흉노족이나 몽골에서도 쓰였는데, 특히 고구려 기마병들의 맥궁 다루는 솜씨가 뛰어났다고 전해집니다.

족 무리들을 붙잡아 왔습니다.

"숙신족은 앞으로 고구려에 해마다 조공을 바칠 것이며, 신라와 백제도 넘보지 마라."

광개토대왕은 사신을 보내 엄하게 꾸짖었습니다. 백제·신라와는 동맹을 맺고 있었기에 그들까지도 돌보아 준 것이었습니다. 다행히 숙신족은 이후에는 고구려 국경을 넘지 않았습니다. 아니, 그로부터 50년 뒤에는 제풀에 지쳐 스스로 고구려의 지배에 들어갔습니다. 그 다음은 동부여였습니다.

410년, 광개토대왕은 직접 군사를 이끌고 동부여로 향했습니다.

"동부여는 한때 고구려의 가장 큰 적이었노라! 오늘 내가 저 무리를 정벌해 고구려의 발아래 두겠노라."

그 말은 사실이었습니다. 동부여는 고구려가 세워질 때부터 늘 고구려의 위협적 존재였습니다. 힘이 약해진 뒤에는 고구려에 조공을 바치며 겨우 명맥만 유지하고 있었습니다.

그러다가 얼마 전부터 고구려로 망명하는 귀족들이 늘어나자 광개토대왕은 동부여의 힘이 눈에 띄게 약해진 것을 알아챘습니다. 그리고 이 기회에 아예 정벌하리라 마음먹었던 것입니다.

"공격하라. 동부여 땅을 밟아 고구려의 것으로 만들라!"

광개토대왕의 명령은 하늘을 찔렀고 그 당당한 기세에 아무도 반항하지 못했습니다. 곧이어 군사들은 동부여의 땅을 폭풍처럼 휩쓸었습니다. 이 싸움에서 광개토대왕은 무려 64개의 성을 격파했고 1,400개의 마을을 손에 넣었습니다.

이제 고구려의 땅은 북만주까지 넓어졌습니다. 뿐만 아니라 광개토대왕은 한때 후연이 침략하여 빼앗아 갔던 고구려의 신성과 남소성도 되찾고 요동을 고구려의 땅으로 선언했습니다.

물론 후연이 여러 차례 고구려를 공격했지만 모두 허사였습니다. 광개토대왕이 있는 한 요동성은 고구려의 것이었습니다.

이로써 광개토대왕은 고구려의 영토를 서쪽으로는 요하까지, 북쪽으로는 개원과 영안까지, 그리고 동쪽으로는 혼춘까지 넓혔습니다.

✓ 고구려 영토

고구려가 다른 나라를 정벌하는 얘기는 많이 접해 봤을 거예요. 고구려의 영토가 가장 넓었을 때는 광개토대왕과 장수왕 시대예요. 광개토대왕이 정복한 수십여 개의 국가들을 아들인 장수왕이 잘 지켜냈던 시기지요.

장수왕 때에는 도읍을 남쪽으로 옮기기도 했어요. 그래야 신라와 백제를 견제할 수 있었으니까요. 당시 고구려는 누가 뭐래도 동아시아 최강국이었어요.

저기요, 선생님! 이런 게 궁금해요

대륙의 주인이 된 광개토대왕

 세상을 호령한 광개토대왕

광개토대왕은 고구려 19번째 임금님이에요. 열두 살에 태자로 책봉되었고, 391년에 고구려의 왕이 되었어요. 고국양왕의 장남으로 태어났으며 이름은 담덕(談德)이에요. 열여덟 살의 어린 나이에 왕이 되어서 천하를 호령했어요.

광개토대왕은 최초로 독자적인 연호를 사용한 왕이에요. 문헌에서 '영락'이라는 연호를 발견할 수 있지요. 연호는 '해를 부르는 이름'으로 왕이 즉위할 때를 원년으로 삼고 이름을 붙여 주지요. 즉 영락 2년은 광개토대왕이 나라를 다스린 지 2년이 되었다는 소리예요. 그 전까지는 중국에서 내린 연호를 사용했어요. 중국의 영향력이 컸기 때문이지요. 광개토대왕이 독자적인 연호를 사용했다는 건 그만큼 고구려가 강한 나라였음을 의미해요.

광개토대왕은 어릴 때부터 싸움터에 나갔어요. 큰아버지인 소수림왕에게는 나라를 다스리는 법을 배우면서 컸지요. 그래서일까요? 광개토대왕은 왕이 된 이후부터 대부분의 시간을 싸움터에서 보냈어요. 오랑캐를 정벌하고 돌아와서는 바로 백제를 치러 갔어요. 또 백제를 치고 나면 다시 북으로 올라갔지요. 신라가 왜구를 토벌할 때는 군사를 보내기도 했어요. 보통 왕이라면 상상도 할 수 없을 만큼 활동 범위가 넓고 컸어요. 그 당시 아무도 고구려를 넘볼 생각을 하지 못했지요. 광개토대왕같이 용맹한 왕이 고구려에 있었으니까요.

 광개토대왕릉비에 남겨진 우리의 역사

광개토대왕릉비는 중국 길림성 집안현 통구성에서 약 4.5km 떨어진 곳에 있어요. 광개토대왕의 아들인 장수왕이 아버지의 업적을 기리기 위해서 세운 것이지요. 광개토대왕릉비의 원래 이름은 '국강상 광개토경평안호태왕비'예요. 한국에서 가장 큰 비석이에요. 높이가 6.39m에, 두께가 약 20cm에 달해요. 비석의 네 면에 걸쳐서 1,775자의 글자가 새겨져 있지요. 비석이 많이 손상되어서 정확하지는 않아요.

광개토대왕릉비가 우리에게 알려진 것은 오래되지 않았어요. 19세기경이 되어서야 우연하게 발견되었지요. 그 전에도 물론 거대한 비석이 있다는 것쯤은 알았지만 처음에는 금나라 왕의 비라고만 생각했어요. 그러다가 비석의 내용을 확인하고는 이것이 장수왕이 414년에 세운 광개토대왕릉비라는 것을 확인하게 된 거지요.

그럼 광개토대왕릉비에는 어떤 내용이 적혀 있을까요?

❍ 광개토대왕릉비 탁본

❍ 광개토대왕릉비

먼저 비석을 발견한 일본인들의 석회칠 때문에 손상이 심해 완전히 알아 볼 수는 없지만 비석에 적힌 글이 세 단락으로 나누어졌다는 것을 확인할 수 있지요. 첫 번째 단락에 건국 신화와 함께 광개토대왕비를 세운 이유가 적혀 있고, 두 번째 단락에는 광개토대왕이 남과 북을 아우르며 정복 활동을 펼친 이유와 성과가 함께 나와 있어요. 마지막으로 세 번째 단락에는 비석을 어떻게 관리해야 하는지 규정이 적혀 있어요.

도망치는 백제

백제는 위기 극복을 위해 웅진으로 도읍을 옮깁니다.
하지만 연이은 신하들의 배신과 왕들의 방탕한 생활로 위태로워지지요.
이러한 위기를 잠재운 왕이 바로 무령왕입니다. 무령왕은 고구려를 물리치고,
백성을 보살피며 백제의 문화를 일본에 전파합니다.

아차산성에서 웅진까지

475년(개로왕 21년), 고구려의 장수왕은 군사를 보내 백제를 공격했습니다.

백제는 느닷없는 공격으로 순식간에 도읍인 한성을 내주어야 했습니다.

그럴 만도 한 것이 백제의 개로왕은 성을 새로 쌓고 군사를 훈련시키라는 신하들의 충고를 무시한 채 오로지 바둑에만 미쳐 있었습니다. 특히 도림이라는 승려와 단 하루도 쉬지 않고 바둑을 두었는데 사실 도림은 고구려의 장수왕이 보낸 첩자였습니다.

○ 백제의 왕이 일본에 전해 주었다는 바둑판

도림은 개로왕과 바둑을 두면서 백제의 정세를 장수왕에게 낱낱이 보고했습니다. 그뿐만 아니라 개로왕이 나랏일을 돌보지 못하도록 판단력을 흐려 놓았습니다.

"지금 나라가 태평하니 궁궐을 화려하게 짓고, 왕의 위엄을 세우소서."

한편에서는 개로왕의 신하들이 성을 새로 쌓고 병사들을 훈련시키라고 충고를 했지만 개로왕은 신하들을 물리치고 도림의 말을 따랐습니다.

그런 탓에 백제의 국력은 해가 지날수록 약해졌고, 백성들의 원성이 하늘을 찔렀습니다. 충신들도 하나 둘 개로왕의 곁을 떠났습니다.

그 무렵 도림은 심부름꾼을 시켜 장수왕에게 편지를 써 보냈습니다.

"폐하, 지금 백제를 치면 승리할 수 있을 것이옵니다."

도림의 편지를 받은 장수왕은 즉시 군사를 모아 백제를 공격했습니다.

고구려의 공격 속에서 개로왕은 아들 문주를 겨우 도망시키고 자신도 도망을 치려는데, 재증걸루와 고이만년이라는 두 신하가 앞

백제의 불상

백제의 불상은 금동불, 석불, 마애불이 있어요. 금동불은 불상의 표면을 금색으로 칠한 것이고, 석불은 돌로 만든 불상이지요. 마애불은 바위 면에 부조나 전각으로 새긴 불상을 말하지요. 백제의 대표적인 마애불은 서산 마애 삼존 불상으로 '백제인의 미소'라고 부르기도 해요.

을 막았습니다.

두 신하는 무릎을 꿇어 개로왕에게 절을 했습니다.

"폐하, 신하로서 올리는 마지막 예이옵니다."

그리고 두 사람은 개로왕의 얼굴에 침을 뱉고 목을 베었습니다. 이로써 개로왕은 비참한 죽음을 맞이해야 했습니다.

한편 가까스로 죽음을 모면한 문주 태자(뒷날의 문주왕이에요)는 즉시 신라로 달려가 도움을 청했습니다. 그러나 문주 태자가 1만 명의 병사를 얻어 한성으로 되돌아왔을 때는 이미 한성의 주인이 바뀌어 있었습니다.

"아아, 어찌 이럴 수가 있단 말인가? 어떻게 아버지의 원수를 갚고 저 땅을 다시 차지한단 말인가?"

문주 태자는 땅을 치며 통곡했습니다.

일단 문주 태자는 도읍을 옮기기로 마음먹었습니다. 아직까지 고구려군의 기세가 등등했고, 백제군의 사기는 크게 떨어져 있기 때문이었습니다. 문주 태자는 살아남은 신하와 군사들을 데리고 웅진(지금의 충남 공주를 말해요)에 성을 쌓았습니다.

'이제 새 땅 웅진에 도읍을 정하고 고구려에 복수하겠노라.'

그리고 문주왕은 군사를 훈련시켰습

니다. 스스로 국경을 돌아보며 고구려를 반격할 기회를 엿보았습니다. 하지만 문주왕의 노력은 해구라는 신하로 인해 물거품이 되었습니다.

해구는 몹시 간사하고 잔인한 신하였습니다. 문주왕 때부터 병관좌평이라는 높은 벼슬을 하고 있던 해구는 자신이 더 많은 이권을 차지하기 위해 문주왕의 오른팔과 같았던 내신좌평 곤지를 살해했습니다. 이때가 문주왕이 즉위한 지 3년이 되던 해였습니다.

해구의 욕심은 멈추지 않았습니다. 해구는 틈틈이 문주왕의 목숨을 노리고 있었습니다.

어느 날, 문주왕이 사냥을 나가게 되었습니다.

물론 문주왕이 사냥을 나가는 것은 고작 짐승 몇 마리를 잡기 위해서가 아니었습니다. 사냥은 핑계였고, 고구려에 대한 반격의 준비가 잘 되어 있는지 국경의 여러 성을 꼼꼼하게 살펴보기 위해서였습니다.

문주왕이 사냥을 나선 지 며칠째 되던 날, 해구는 기회를 틈타 심복 부하를 불렀습니다.

✓ **탐라국**

삼국 시대 제주도에 있었던 고대 국가. 탐라국은 고구려, 백제, 신라와 두루 관계를 맺고 있었으나 특히 백제와는 지리적으로는 밀접한 관계를 맺고 있었습니다. 탐라국 왕은 백제의 왕에게 특산물을 바치고, 때마다 사신을 보내다가 동성왕 때 완전히 백제에 흡수됩니다.

"오늘 밤 안으로 문주왕을 없애도록 하라!"

결국 그날 밤 문주왕은 세상을 떠나고 말았습니다. 곧이어 해구는 열세 살밖에 되지 않은 문주왕의 맏아들을 새 임금으로 받들었습니다. 그가 바로 백제의 23대 임금 삼근왕(삼걸왕이라고도 불려요)이었습니다.

워낙 어린 나이에 임금이 되고 보니 삼근왕은 허수아비에 지나지 않았습니다.

삼근왕은 해구가 시키는 대로 벼슬아치를 써야 했고, 그가 하라는 일은 무슨 일이든 해야 했습니다. 그렇지 않으면 자신도 아버지 문주왕과 같은 신세가 될지 모를 일이었습니다.

결국 심한 마음 고생 탓에 삼근왕은 왕위에 오른 지 2년 만에 세상을 떠나고 말았습니다.

삼근왕의 뒤를 이은 동성왕은 좀 달랐습니다.

문주왕의 조카였던 동성왕은 이를 악물고 구렁텅이에 빠진 백제를 다시 건져 내려고 무진 애썼습니다.

우선 동성왕은 중국의 남제와 신라에 사신을 보내 우호 관계를 잘 다

요즘 임금께서 너무 하시는 거 같지 않소?

져 놓는 일을 했습니다. 무엇보다 신라 귀족의 딸을 왕비로 맞아 신라를 가장 든든한 우방으로 만들어 놓았습니다. 당분간은 신라의 도움 없이는 고구려와 맞서기 힘들다고 생각했기 때문이었습니다. 뿐만 아니라 탐라국을 완전히 백제의 땅이 되도록 한 것도 동성왕이었습니다.

하지만 동성왕은 나라가 안정을 찾자 다른 생각을 품었습니다.

"자, 이제 웅진성에 평화가 찾아왔으니 신하들은 나와 더불어 즐길지어다."

심지어 동성왕은 가뭄이 들어 굶어 죽는 백성들이 거리에 넘쳐나도 날마다 술과 춤으로 세월을 보냈습니다.

"폐하, 백성들을 돌보시옵소서. 또한 억울하게 돌아가신 개로왕을 생각하십시오."

✓ 공산성

백제의 중기에서 말기를 훌륭히 지켜 낸 공산성에서는 훗날 나·당 연합군에 대항한 백제 부흥 운동이 일어나기도 했습니다.(사적 제12호, 충남 공주시 금성동 소재)

◐ 공산성

신하들이 동성왕에게 수십 번씩 충고했지만 듣지 않았습니다.
결국 백성을 외면한 동성왕은 문주왕처럼 백가라는 신하에게 살해당하였습니다.

백제는 부활할 것인가

"먼저 백가를 잡아 놈의 목을 베어라!"
또 한 번 백제에 기회가 온 것일까? 동성왕의 뒤를 이어 임금이 된 무령왕은 우선 자신의 아버지를 죽인 백가에게 칼을 들이밀었습니다. 그럴 만한 것이 백가는 동성왕을 죽인 뒤, 나중에는 가림성에서 반란을 일으키려고 음모까지 꾸미고 있었던 것입니다.
곧 병사들이 가림성을 공격했습니다. 백가는 자신을 따르는 무리들을 모아 무령왕의 군사와 맞섰습니다. 한동안 전투는 팽팽하게 이어졌습니다. 하지만 며칠 동안의 전투 끝에 무령왕은 백가를 잡아 목을 베고 난을 진압했습니다.
'이제는 빼앗긴 영토를 되찾아야 한다!'

무령왕은 선왕들의 억울한 죽음을 생각하며 마음을 굳게 먹었습니다. 그리고 군사들을 보내 고구려의 수곡성을 공격하게 했습니다.

백가의 난을 진압한 바로 그 해, 즉 502년이었습니다.

무령왕은 치고 빠지는 식의 전투를 벌이며 무너지고 폐허가 된 옛 백제의 성들을 다시 쌓았습니다. 멀리 중국의 양나라와는 조공을 바치며 좋은 관계를 맺어 두었습니다. 혹시라도 큰 전쟁을 치르게 된다면 도움을 얻기 위해서였습니다.

512년, 무령왕은 직접 군사를 이끌고 전투에 나섰습니다. 마침 고구려군이 가불성과 원산성을 공격하고 있을 때였습니다. 무령왕은 약 3천 명의 군사를 이끌고 전투에 나서 고구려군을 몰살시켰습니다.

무령왕은 백성들의 생활에도 많은 관심을 기울였습니다.

"웅진성 옆으로 흐르는 금강에 제방을 쌓아 농사일에 빈틈이 없게 하라."

그뿐이 아니었습니다.

506년, 홍수와 가뭄이 번갈아 찾아와 백성들이 굶주리자 무령왕은, 신하들에게 명령했습니다.

"나라의 창고를 열어 백성들에게 곡식을 나누어 주도록 하라! 또한 먹을 것이 없어 떠돌아다니는 자들에게 땅을 주어 농사를 짓게 하라!"

그뿐만 아니라 오경박사 단양이를 왜나라에 보내 문화를 전파하고 백제의 위상을 높였습니다.

무령왕의 아들로 왕위에 오른 성왕은, 왕이 되던 바로 그해에 직접 군사를 이끌고 나가 백제의 영토를 넘어온 고구려군을 간단하게 물리쳤습니다. 그런 뒤 곧바로 도읍을 옮겼습니다.

'웅진성은 좁고 활동하기가 불편하다. 뿐만 아니라 웅진성에서는 반란이 있었고 나쁜 일도 많지 않았던가? 새로운 곳에서 새로운 백제를 다지고 만들어 나가리라!'

생각 끝에 성왕이 도읍을 옮긴 곳은 사비성(지금의 부여 지방이에요)이었습니다. 나라의 이름도 '남부여'로 바꾸었습니다. 그런 뒤 한동안 백제는 신라를 위협하며 튼튼한 나라로 다시 태어났습니다. 의자왕 때 멸망하기 전까지 말입니다.

◑ 부여 정림사지오층석탑.
백제 말기에 세워진 화강암 석탑.

일본 왕족은 왜 백제 무령왕릉을 참배했을까?

◎ 무령왕릉 출토 유물

2004년 8월의 어느 날, 아사카노미야라는 일본 노인이 충남 공주에 있는 무령왕릉을 참배했답니다. 그런데 뜻밖에도 이 일본 노인은 일본 왕 아키히토의 당숙이었어요. 노인은 정성껏 제사상을 차려 무령왕릉을 참배하고 향로와 향을 기증하기로 했답니다. 대체 무슨 이유로 일본의 왕족이 무령왕릉을 찾아 참배를 했을까요?

그 이야기는 2001년으로 거슬러 올라갑니다. 그해 말, 일왕 아키히토는 공개적인 자리에서, "무령왕의 손녀 다카노노니이가사(高野新笠)가 일본 초대 왕인 진무 천왕을 낳았기 때문에 나는 백제 피를 받았다."라고 말했답니다. 그 때문에 일본의 언론이 아주 시끄러웠죠. 실제로 백제의 무령왕은 동생을 일본으로 보냈는데, 그가 일본의 26대 게이타이 천황이 된 뒤로 백제 왕족의 후손들이 7세기 말까지 천황 자리에 올랐답니다.

◎ 무령왕릉

저기요, 선생님! 이런 게 궁금해요

도망치는 백제

삼국 중에 공예 기술이 가장 발달한 나라는 어디인가요?

삼국 중에 백제는 공예 기술이 가장 발달했으며, 부여가 백제의 도읍지였을 때 문화적으로 활짝 꽃을 피웠습니다. 지금 남아 있는 백제의 문화제 가운데 국보 287호로 지정된 금동 대향로는 백제의 공예품 가운데에서 으뜸으로 꼽히지요.

향을 피우기 위한 향로는 귀신을 쫓기 위해 만들었는데 금동 대향로는 보통 향로보다 3배 정도 크기가 큰 것이 특징이에요. '금동'이라는 이름을 통해 향로가 청동으로 만들어졌고, 그 위에 금을 입혔다는 것을 알 수 있어요.

이처럼 금속 표면에 섬세하고도 아름다운 무늬를 새겨 넣는 것을 금속 공예라고 합니다. 무늬로는 연꽃, 용, 봉황 등 다양한 무늬가 있어요. 백제의 공예 기술은 어찌나 정교했는지 이웃 나라에서도 인기가 있었답니다.

◐ 백제 금동 대향로

◐ 백제 금동 대향로의 부분을 확대한 모습

의자왕의 삼천 궁녀 이야기가 사실인가요?

◐ 부소산성 터

신라와 당나라가 힘을 합쳐서 백제에 쳐들어 오자 백제군은 이를 이기지 못하고 모조리 전멸하고 말았어요. 당시 백제의 왕이었던 의자왕은 성급히 궁궐 뒷산인 부소산으로 몸을 피했어요. 이때 궁녀들도 왕을 따라서 움직였지요. 하지만 적이 뒤쫓아 오는 상황에서 안전하게 도망을 치기가 힘들었죠. 궁녀들 가운데에는 적에게 끌려가는 것이 싫어서 스스로 절벽 아래로 떨어진 사람이 많이 있었어요. 치마로 얼굴을 감싸고 떨어지는 궁녀들은 마치 꽃이 떨어지는 것 같이 애처로운 모습이었지요. 그런데 정말 삼천 명씩이나 몸을 던졌을까요? 이 숫자는 과장 되었다고 보는 게 맞을 거예요. 당시의 절박함을 알리기 위해 다소 과장된 것이지요.

당나라 군대는 백제인 만이천 명을 자신들의 나라로 끌고 갔어요. 그 안에는 의자왕도 있었고, 태자와 주요 대신들이 포함되어 있었지요. 이것이 백제의 마지막 모습이었습니다.

◐ 군창지 터. 부소산성 안에 있으며 군량미를 쌓아 두던 곳이다.

◐ 낙화암 백화정. 낙화암 꼭대기에 있는 정자로 삼천 궁녀가 이곳에서 떨어졌다고 한다.

신라를 강한 나라로 만들 수만 있다면

삼국 중에 가장 약했던 신라의 진흥왕은 더 큰 나라가 되기 위해 나제 동맹을 깨고 한강을 차지합니다. 백제의 공격을 승리로 이끌고 뒤이어 남아 있는 대가야까지 손에 넣게 된 진흥왕은 이에 멈추지 않고 화랑 제도를 만들어 인재를 키웁니다.

배신자면 어떠하리

551년(진흥왕 12년) 무렵이었습니다. 이때 백제는 성왕이, 신라는 진흥왕이 나라를 다스리고 있었습니다. 바로 이 해에 백제의 성왕은 신라의 진흥왕에게 제의했습니다.

"지금 고구려가 남쪽의 수비에 허술한 듯하니 함께 힘을 합해 고구려를 공격하면 승산이 있을 듯하오."

신라의 진흥왕은 이전부터 백제와 맺고 있던 '나제 동맹'의 약속을 지키기 위해서도 그 제안을 받아들이지 않을 수 없었습니다.

또한 신라에게 고구려는 아주 큰 위협이었는데 만약 이번 기회에 고구려를 멀리 쫓아 낼 수만 있다면 더 바랄 것이 없으리라고 진흥왕은 생각했습니다.

곧 두 나라의 연합군이 꾸려졌습니다.

백제의 총사령관은 태자 여창(성왕의 맏아들)이었고, 신라의 총사령관은 거칠부라는 장수였습니다. 두 나라 연합군은 고구려가 차지하고 있던 한강 유역으로 진출하여 단숨에 한강 유역을 손에 넣었습니다.

그런데 그 다음이 문제였습니다.

2년이 지난 553년(즉위 31년) 여름, 성왕은 뜻밖의 보고를 받았습니다.

"폐하, 신라의 군사들이 한강 유역을 지키던 우리 백제군을 격파하고 한강을 독차지하였다 하옵니다."

"뭣이? 그럴 리가 있느냐? 그것은 몇 십 년 동안 지속되어 온 나제 동맹을 깨는 배신 행위 아니더냐? 서둘러 신라의 진흥왕에게 사신을 보내 한강 유역은 본래 우리의 땅이었으니 돌려 달라고 하여라."

그러나 진흥왕은 거절했습니다. 진흥왕

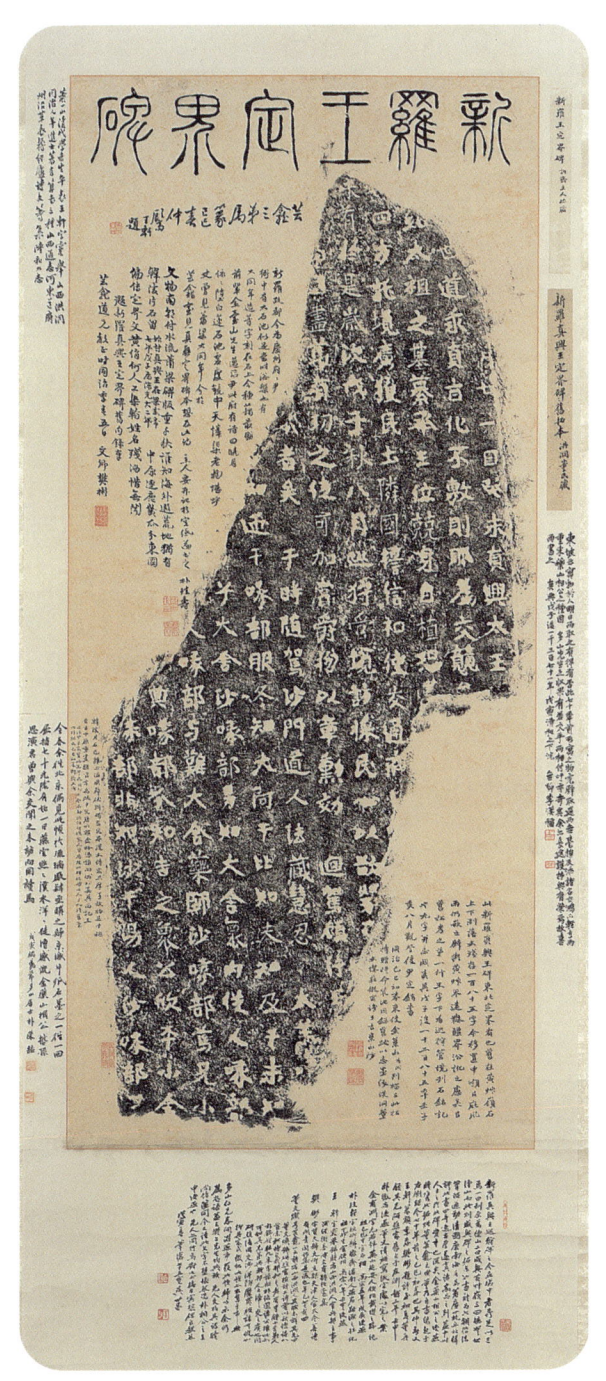

⬆ 신라 진흥왕 순수비 탁본

> ✓ **나제 동맹**
>
> 백제와 신라는 고구려의 침략에 함께 대비하기 위해 동맹을 맺었어요. 이 동맹은 백제 동성왕 때 시작해서 553년 신라가 한강 지역을 차지 하기 위해 나제 동맹을 깨기 전까지 이어졌습니다.

은 어렵게 빼앗은 한강 유역의 땅을 쉽게 백제에 내줄 수가 없다고 생각했습니다.

'백제를 배신하긴 했지만, 우리 신라가 보다 더 큰 나라가 되기 위해서는 어찌할 수 없는 일 아닌가? 생각해 보라. 한강을 빼앗으면 그 주변의 들판에서 나는 곡식을 얻을 수 있고 서해로 나아가 중국의 다른 나라와도 무역을 할 수 있지 않은가?'

그랬습니다. 신라는 삼국 중에서 가장 늦게 발달했고 힘이 약했기에 진흥왕은 이번에야말로 신라가 강해질 수 있는 기회라고 생각했습니다. 그 때문에 어떤 희생을 치루더라도 한강을 지켜 내리라 마음먹었습니다.

이런 진흥왕의 행동에 가장 화가 난 사람은 백제의 태자 여창이었습니다. 왜냐하면 여창이야말로 한강 유역을 빼앗기 위해 수없이 죽을 고비를 넘었기 때문이었습니다.

"폐하, 어서 신라에 대한 공격 명령을 내리소서! 소자가 직접 나아가 배신한 신라군을 물리치겠나이다."

이윽고 태자가 간곡히 청하자 성왕은 신하들의 반대에도 불구하고 공격 명령을 내렸습니다(554년).

첫 공격 목표는 관산성(지금의 충북 옥천 부근이에요)이었습니다. 왜냐하면 관산성은 신라가 북쪽으로 가기 위해 반드시 거쳐야 하는 길목으로 그곳만 차단하면 한강을 되찾기는 식은 죽 먹기였던 것입니다.

태자 여창은 훌륭한 장수였습니다. 태자는 군사를 이끌고 진격해 단숨에 관산성을 손에 넣었습니다. 관산성을 지키던 신라 장수 우덕과 탐지는 여창의 백제군에 밀려 줄행랑을 쳐야 했습니다.

"오오, 장하도다. 나의 태자가 그토록 훌륭한 일을 해내다니 내가 직접 가서 보겠노라."

성왕은 매우 기뻐했습니다. 많은 신하들의 반대에도 무릅쓰고 전투에서 이긴 아들 여창이 여간 대견하지 않을 수 없었습니다.

성왕은 여창을 격려하고 승리를 축하하기 위해 직접 군사를 이끌고 관산성으로 향했습니다.

그러나 그것이 성왕의 마지막 걸음이었습니다.

성왕이 관산성으로 향한다는 정보가 신라 진흥왕의 귀에 들어갔기 때문이었습니다.

"김무력(김유신의 할아버지예요) 장군은 들으시오. 지금 백제의 성왕이 관산성으로 향한다 하오. 그대는 즉시 삼년산성(지금의 보

성왕

성왕의 이름은 명농으로 무령왕의 맏아들이었어요. 성왕은, 삼국시대의 왕 가운데, 전쟁 중에 목숨을 잃은 마지막 왕이었지요. 〈삼국사기〉에는 성왕에 대해 "지혜와 식견이 뛰어나고 일에 과단성이 있었다.", 또한 "성왕은 천체와 지리에 통달하여 명성이 자자했다."고 기록되어 있답니다. 심지어 왜나라 사람들은 '밝을 명(明)' 자까지 붙여서 성명왕으로 부르기도 했답니다.

🔵 삼년산성. 신라군이 백제 성왕을 포로로 잡고 살해했던 곳.

◯ 진흥왕 때 세웠다는 화엄사

✓ **화엄사**

불교에 심취하여 미륵 신앙을 섬기기도 했던 진흥왕은 불교 문화재도 많이 남겼습니다. 우리나라 최대 사찰 중의 하나인 화엄사도 진흥왕 때 세워진 것입니다.

은 부근이에요)으로 앞질러 가서 성왕의 군대를 격파하시오. 성왕이 관산성으로 가려면 반드시 삼년산성을 지나야 할 것이오."

김무력은 진흥왕의 명령을 받고 즉시 삼년산성으로 달려갔습니다.

그리고 그 주변에 군사들을 매복시켜 놓고 성왕의 백제군을 기다렸습니다.

과연 진흥왕의 예측은 맞아떨어졌습니다. 성왕의 군대는 김무력의 신라군이 매복해 있다는 사실을 전혀 눈치 채지 못하고 삼년산성으로 들어섰습니다.

"공격하라! 적군을 격파하고 백제의 임금을 잡아라!"

김무력은 성왕의 군대가 모습을 드러내자 즉시 공격 명령을 내렸습니다. 그러자 기다렸다는 듯 신라의 매복 병사들이 나타나 활을 쏘고 칼을 휘두르며 달려들었습니다. 마침내 성왕은 신라군의 포로가 되고 말았습니다.

그리고 고우도도라는 삼년산성의 장수에게

살해당했습니다. 뒤늦게 이 소식을 듣고 여창이 달려왔지만 소용없었습니다. 오히려 여창은 신라군의 반격과 기습에 휘말려 겨우 포위망을 뚫고 백제로 돌아가야 했습니다. 사실상 진흥왕의 승리인 셈이었습니다. 이제 한반도 안에서는 신라가 가장 강한 나라가 되었습니다.

신라의 여성

신라 여성들의 사회 활동은 다른 나라보다 활발했어요. 우리 역사에 등장하는 세 명의 여왕은 모두 신라의 여왕이었고, 화랑의 이전 제도였던 원화 제도를 보아도 알 수 있지요.

아아, 화랑

그러나 진흥왕은 백제와의 전투에서 이긴 것에 만족하지 않았습니다. 백제를 격파한 진흥왕은 곧이어 비사벌(지금의 창녕)을 정복하여 완산주를 설치하고 이어 그 부근에 있던 아라가야와 비화가야를 합병했습니다.

그리고 마침내 562년(즉위 23년), 이사부 장군을 보내 대가야를 무너뜨렸습니다. 이로써 신라는 낙동강 유역의 거의 전부를 손에 넣게 되었습니다.

그런 뒤에도 진흥왕은 욕심을 버리지 않았습니다.

'이대로 만족할 수는 없다. 더 많은 인재를 길러 내 신라

✓ 원조 꽃미남, 화랑

화랑은 신라 때 만들어진 청소년 수련 단체를 말해요. 화랑(花郎)이란, 말 그대로 외모가 단정하며, 문벌과 학식이 있는 사람들로 조직된 단체예요. 이곳에서 많은 인재가 배출되어 신라의 삼국 통일에 크게 이바지했지요.

를 어느 나라보다 강한 나라로 만들고야 말리라.'

진흥왕의 생각은 확고했습니다. 예전처럼 허약한 나라가 되지 않기 위해서는 미리 인재를 뽑아 놓아야 억울한 일을 당하지 않으리라 생각했던 것입니다.

그러던 576년(즉위 37년)의 어느 날, 진흥왕은 문득 좋은 방법을 한 가지 생각해 냈습니다.

"여봐라. 자주 행사를 열어 젊은이들을 불러 모으고 여인을 우두머리로 정해 무리 지어 놀게 하라."

진흥왕의 생각은 별다른 게 아니었습니다. 젊은이들을 무리 지어 놀게 한 뒤 그들의 행동거지를 살펴서 그중 뛰어난 사람을 뽑아 따로 훈련을 시킬 셈이었습니다.

여인을 우두머리를 정한 이유도 간단했습니다.

'예로부터 아름다운 여자에게는 멋진 남자들이 따르는 법이니 가장 아름다운 아가씨를 골라 무리의 우두머리로 삼아야겠구나.'

바로 그 생각 때문이었고, 진흥왕은 여인 둘을 우두머리로 뽑았습니다. 그들을 원화라 불렀는데, 한 사람의 이름은 남모였고 또 다른 한 사람의 이름은 준정이었습니다. 두 여인은 선녀처럼 아름다웠습니다.

◐ 화랑상

과연 진흥왕의 생각대로 두 처녀를 따르는 무리들이 많아졌습니다. 서로 잘 보이기 위해서 힘자랑을 하는 청년들도 있었고, 어떤 청년은 배운 지식을 뽐내기도 했습니다.

시간이 지나자 두 처녀를 따르는 무리들이 무려 3백 명이 넘었습니다. 그들은 한결같이 잘생겼고, 똑똑했으며 무술도 뛰어났습니다.

그러던 어느 날부터일까? 남모와 준정은 서로를 시기하고 질투하게 되었습니다.

'음, 나를 따르는 도령들이 더 많아야 해.'

준정과 남모는 각각 그런 생각에 빠져들었습니다. 특히 준정의 질투가 심했습니다.

"쳇! 만약 남모만 없으면 내가 모든 도령들의 우두머리가 될 텐데, 어쩌면 좋을까?"

그런 생각에 이른 준정은 무언가 음모를 꾸미더니 남모를 자신의 집으로 초대했습니다.

"남모, 우리 이제는 싸우지 말고 잘 지내기로 해요."

준정은 속마음을 감추고 생글생글 웃으며 말했습니다. 그리고 남모 앞으로 예쁜 술잔을 내밀었습니다.

"우리 서로 미워하지 말기로 해요. 자, 내가 술을 한 잔 줄 테니 마셔 봐요."

◐ 경주 천마총에서 발견된 고리큰칼

그리고 준정은 남모의 술잔에 술을 가득 따랐습니다. 한 잔, 두 잔, 준정은 남모가 술잔을 비우기 무섭게 술을 따랐고, 남모는 사양할 수가 없어서 모두 받아 마셨습니다.

바로 그날 밤이었습니다. 남모는 술에 취해 혼자 힘으로는 집에 돌아갈 수가 없었습니다.

그러자 준정이 말했습니다.

"저런, 많이 취했군요. 내가 집에 데려다 줄게요."

그리고 준정은 남모를 부축하여 집을 나섰습니다. 남모는 안심하고 준정의 어깨에 기대어 집으로 향했습니다.

그런데 남모가 술에 취해 정신 없는 사이 준정은 남모를 집이 아닌 강가로 데려갔습니다. 그 강가에서 준정은 아무도 몰래 남모를 강물 속으로 힘껏 밀어 넣었습니다.

"아아악!"

짧은 외마디의 비명과 함께, 결국 남모는 물에 빠져 죽고 말았습니다.

하지만 세상에 비밀은 없는 법이었습니다.

그로부터 얼마 후, 아이들이 이상한 노래를 부르며 마을을 돌아다녔습니다.

"준정이 남모를 강물에 밀어 넣었다네. 나는 보았다네. 준정이 남모를 강물에 빠뜨리는 것을……."

그 노래는 빠르게 퍼져 마을 사람들 모두가 알게 되었습니다. 물론 진흥왕의 귀에도 이 사실이 들어갔습니다. 곧 남모의 시신이 강에서 발견되고 준정은 처형되었습니다. 그런 뒤 진흥왕은 다시 명령했습니다.

"여봐라! 원화를 없애고 대신 덕망이 있는 도령들을 뽑아 화랑이라 하고 그들을 잘 훈련시켜 인재로 키우도록 하라."

이렇게 하여 화랑 제도가 생겨났습니다. 이후 화랑 제도는 신라의 인재를 뽑는 방법이 되었고, 이 화랑 제도를 통하여 수많은 화랑들이 배출되었습니다. 그 뿐만 아니라 화랑들은 신라의 삼국 통일의 중요한 주춧돌이 되었는데 김유신이 가장 대표적인 화랑 출신 영웅입니다.

화랑은 신라의 중추였고, 나라를 이끌어가는 원동력이었답니다.

✓ 김유신

김유신은 본래 가야의 시조 김수로왕의 후손으로 609년 화랑이 되어 629년 고구려와의 전투에서 승리합니다. 647년에는 선덕 여왕을 내쫓으려는 반군을 토벌하였으며, 그 다음 해 백제와의 싸움도 승리로 이끕니다. 654년 진덕 여왕이 후계자 없이 죽자, 재상으로 있던 김춘추를 왕으로 추대하고 상대등에 올라 당나라 군과 연합해 백제를 멸망시켰으며, 668년 나당 연합군을 이끌고 고구려를 정벌합니다.
이러한 공로를 인정받아 김유신은 문무왕(태종무열왕의 아들)으로부터 '태대각간'이라는 높은 벼슬을 받았습니다.

저기요, 선생님! 이런 게 궁금해요
신라를 강한 나라로 만들 수만 있다면

우리나라 최초의 여왕은 누구일까요?

고구려, 백제와 다르게 신라에서는 여성이 왕이 되는 사례가 있었어요. 선덕 여왕이 바로 우리나라 역사상 처음으로 여왕이 되었지요. 신라는 능력에 따라 여성도 왕에 오르게 했냐고요? 꼭 그런건 아니랍니다. 여성이 왕이 될 수 있었던 것은 바로 엄격한 신분 제도 때문이었어요. 신라에서는 성골 출신과 진골 출신의 귀족이 있었어요. 이 가운데에서 왕이 될 수 있는 것은 성골 출신이었습니다. 그 당시 진평왕은 아들을 남기지 않고 숨을 거뒀어요. 그래서 성골 출신은 선덕 여왕밖에 없었던 거지요. 성골 출신마저도 찾을 수 없을 때 기회가 진골 출신으로 넘어와요.

○ 분황사 석탑

자, 그럼 신라의 신분 제도인 골품 제도에 대해 살펴볼까요? 골품 제도를 만든 이유는 신라가 나라를 건국할 때 지방 세력을 하나로 통합하기 위해서였어요. 신라는 지방의 족장들 세력에 맞는 벼슬을 내렸어요. 그게 바로 골품의 시작이었지요. 골품 제도는 크게 '골'과 '품'으로 나눌 수 있답니다. 먼저 성골과 진골로 구성된 '골'과 1두품부터 6두품까지 나뉘는 '두품'으로 이루어졌어요. 속해 있는 신분에 따라 옷 색깔은 물론이고 오를 수 있는 벼슬의 위치까지 정해져 있었어요. 이것은 엄격하게 지켜졌기 때문에 아무리 훌륭한 능력을 가지고 있다고 해도 정해진 벼슬 이상을 얻기는 어려웠어요.

신라의 화랑 제도

신라가 삼국 통일을 하는 데 있어서 화랑은 중요한 역할을 했어요. 화랑 제도는 진흥왕이 처음으로 시작한 것이에요. 귀족 집안의 자제들을 중심으로 심신을 수양하는 조직이었어요. 이들은 전쟁이 나면

나라를 위해 목숨을 걸고 싸우기도 했어요. 이러한 용맹스런 청년들 덕분에 신라의 삼국 통일이 가능했답니다.

화랑 가운데에서는 유명한 인물들이 많아요. 김유신이 화랑 출신이고요. 관창과 반굴같이 백제의 적진에 뛰어들어서 죽음을 맞고, 신라의 사기를 높인 인물들도 바로 화랑이지요. 또 열일곱 살에 가야와 용감하게 맞선 사다함도 화랑이에요. 사다함은 친구와의 의리를 지키기 위해 스스로 목숨을 끊기도 했어요. 조금 무모해 보인다고요? 당시 화랑들은 목숨보다 친구와의 의리를 중요하게 생각했거든요. 화랑의 세속오계를 보면 화랑의 행동들을 파악해 볼 수 있어요.

하나, 사군이충(事君以忠) - 충성으로 임금을 섬기기
둘, 사친이효(事親以孝) - 효도로써 어버이를 섬기기
셋, 교우이신(交友以信) - 믿음으로써 친구를 사귀기
넷, 임전무퇴(臨戰無退) - 싸움터에 나가서는 물러섬이 없기
다섯, 살생유택(殺生有澤) - 산 것을 죽일 때는 가려서 죽이기

○ 화랑 교육원(경주)

이땅은 신라 땅! 순수비를 세운 진흥왕

고구려, 백제, 신라 가운데 가장 늦게 발전한 나라는 신라예요. 하지만 이런 신라를 강하게 만든 왕이 있어요. 바로 진흥왕이지요. 그동안은 백제와 고구려는 물론이고 왜나라까지 신라를 괴롭히고 있었어요. 하지만 진흥왕이 왕이 되면서부터 신라가 달라지기 시작했어요. 먼저 진흥왕은 백제의 구역인 한강 지역을 빼앗았어요. 그리고 가야를 완전히 신라 땅으로 만드는 데 성공했지요. 진흥왕은 이런 다음에 각 지역에 순수비를 세웠어요. 이 땅은 신라의 땅이며, 이 곳에 사는 백성들을 잘 다스리겠다는 왕의 의지를 표현한 것이지요.

지금까지 확인된 진흥왕 순수비는 북한산 신라 진흥왕비(국보 3호), 마운령 신라 진흥왕 순수비, 황초령 신라 진흥왕 순수비, 창녕 신라 진흥왕 척경비(국보 33호). 이렇게 모두 네 개랍니다.

○ 북한산 진흥왕 순수비

흰 피가 흐르고 새로운 믿음이 생기다

신라는 전통 신앙이 강해 고구려, 백제보다 늦게 불교를 받아들입니다.
신하들에 반대에 부딪치던 법흥왕은 528년 이차돈의 희생으로 불교를 공인합니다.

고구려와 백제에서는 불교가 들어왔을 때 비교적 손쉽게 퍼졌지만, 신라는 그렇지 못했습니다. 5세기 초, 눌지왕 때 묵호자와 아도가 불법을 전했으나 신라의 귀족들은 조상신을 섬기는 신앙이 강했으므로 외래 종교인 불교는 환영받지 못했습니다.

신라의 23대 임금 법흥왕이 나라를 다스릴 때였습니다. 이미 태자였을 때부터 불교에 관심을 가졌던 법흥왕은 불교를 정식으로 받아들이려 했습니다. 하지만 신하들의 반대가 만만치 않았습니다.

"폐하, 불교를 받아들이는 일은 절대 아니 되옵니다. 우리 민족에게는 오래전부터 지켜온 고유한 믿음이 있사온데 어찌 다른 나라의 종교를 받아들이려 하시옵니까?"

이때 사람들은 조상신을 섬긴다던가, 큰 나무나 바위와 같은 것들에 신의 기운이 들어 있다 하여 그것들을 신으로 모시며 섬기고 있었습니다. 그 때문에 법흥왕은 이러지도 저러지도 못하고 있었습니다.

그러던 어느 날이었습니다. '내사사인'이라는 벼슬을 하고 있던 이차돈이 법흥왕을 찾아왔습니다.

"폐하, 제가 나서서 불교를 이 땅에 퍼트리겠나이다. 그리하면 임금과 백성에게 좋은 일이 많을 것이옵니다."

오래전부터 불교를 믿으며 부처님의 말씀을 따르던 이차돈이 법흥왕에게 말했습니다. 그러나 법흥왕은 고개를 저었습니다.

"그대가 나를 생각하고 백성을 위하는 마음은 알겠소만, 신하들의 뜻이 변함이 없고 임금인 나의 말도 듣지 않는데 어찌 그대의 말을 듣겠는가? 공연히 몸 상하지 말고 기다려 보세."

"아니옵니다. 제게 방법이 있사옵니다. 우선 소인이 나서서 임금님의 명령이라 하고 절을 짓겠사옵니다. 하오면 그때 저를 잡아 왕명을 거짓

🔵 불교가 전래되기 전, 우리 조상들은 큰 바위나 나무 등의 자연물에 영험한 기운이 서려 있다고 믿어 이를 신앙의 대상으로 삼았다.

으로 퍼트린 죄를 물어 여러 신하들이 보는 앞에서 제 목을 베어 주십시오. 그리하오면 틀림없이 이상한 일이 생길 것이온데, 그 일을 신하들이 본 뒤에는 부처님의 말씀을 따르지 않을 자가 없을 것이옵니다."

이차돈의 말에 법흥왕은 걱정스러운 눈길로 이차돈을 쳐다보았습니다.

그로부터 얼마 뒤였습니다.

"폐하께서 절을 지으라 명하셨다. 신하들은 서둘러 절을 짓고 부처님의 말씀에 따르도록 하라!"

이차돈의 말에 신하들은 고개를 갸웃거리면서도 절을 짓기 시작했습니다. 게다가 하필이면 이차돈이 절을 지으려던 곳이 '천경림'이었습니다. 천경림은 당시 귀족들이 토착신에게 제사를 올리는 사당이 있던 곳이었습니다.

소문이 금방 퍼지면서 신하들은 이차돈의 말이 거짓이라는 것을 알게 되었습니다.

신하들은 일제히 법흥왕에게 달려가 아뢰었습니다.

"폐하, 이차돈은 있지도 않은 왕명을 빙자하여 절을 지었으니 마땅히 크게 벌해야 하옵니다. 목을 베소서."

법흥왕은 이차돈의 갸륵한 뜻을 높이 샀지만 신하들의 주장에는 뜻을 굽히고 말았습니다.

"당장 이차돈을 잡아들여 목을 베도록 하라."

법흥왕은 이차돈을 안쓰러워하면서도 명령을 내릴 수밖에 없었습니다. 이윽고 법흥왕과 많은 신하들이 지켜보는 가운데 이차돈은 형장으로 끌려나왔습니다. 잠시 후 형리(형을 집행하는 관리를 말해요)들이 긴 칼을 들고 춤을 추었습니다. 북소리가 '둥둥둥' 울리고 형리들은 칼을 공중에서 크게 휘젓다가 이차돈의 목을 내리쳤습니다.

"쉬익!"

아주 잠깐 사이 이차돈의 목은 땅에 뒹굴었습니다.

그런데 바로 그때였습니다. 이차돈의 목이 땅에 떨어짐과 동시에 믿기 어려운 일이 벌어졌습니다. 분명 사람이라면 붉은 피가 솟아올라야 하는데 이차돈의 목에서는 흰 피가 솟아오르는 것이었습니다.

"아니, 저것이 대체 어찌 된 일이냐?"

법흥왕도 놀랐고, 신하들도 놀라서 입을 벌린 채 다물지

◯ 이차돈 순교비

✓ **이차돈**

이차돈은 우리나라 불교 역사상 최초의 순교자입니다. 신라는 그의 영험한 죽음에 크게 감동했으며 높은 관직에 있던 신하들도 마음을 돌려 불교를 공인했다고 합니다.

부처님과 사찰을 지키는 사천왕상

동방지국천왕

남방증장천왕

서방광목천왕

북방다문천왕

못했습니다. 그러나 놀랄 일은 그뿐이 아니었습니다. 흰 피가 솟아오르는 순간, 사방이 캄캄해지더니 천둥과 번개가 요란하게 대궐에 울려 퍼지는 것이었습니다. 그리고 다음 순간 짙은 향기와 함께 꽃비가 내렸습니다.

"아아! 이럴 수가 …….."

신하들은 갑작스러운 일에 놀라 기둥 뒤에 숨어서 덜덜 떨었습니다.

오직 법흥왕만이 눈물을 흘리며 이차돈의 죽음을 슬퍼하였습니다. 법흥왕은 자리에서 일어나 꽃비를 맞으며 하늘을 올려다보았습니다. 그런 뒤 신하들에게 말했습니다.

"자, 모두 보았는가? 저것이 부처님의 조화일세. 이제 누가 불교를 우리의 것으로 여기고 부처님의 말씀을 따르는 것을 반대하겠는가? 내 말을 거역할 자는 앞으로 나서라!"

그 어떤 신하도 나서지 못했습니다. 그 뒤 이차돈의 시신은 금강산에 묻혔습니다. 그리고 법흥왕은 이차돈을 추모하기 위해 자추사라는 절을 지었습니다. 법흥왕은 곧 불교를 공식적으로 받아들였습니다. 이때가 법흥왕이 임금이 된 지 15년이 지난 528년이었습니다.

저기요, 선생님! 이런 게 궁금해요

흰 피가 흐르고 새로운 믿음이 생기다

 불교의 전파

○ 전등사. 고구려의 소수림왕 2년에 아도가 창건했다.

불교는 인도 왕자인 싯다르타가 깨달음을 얻고 이룩한 종교예요. 우리나라에 불교가 들어온 것은 고구려 소수림왕 2년(372년)이에요. 불교를 일찍 받아들인 고구려는 절을 짓고 불교를 널리 퍼뜨리는 데 힘썼어요. 백제도 곧 불교를 받아들였어요. 백제는 고구려보다 늦게 중국으로부터 불교가 전래되었지요(384년). 신라의 경우는 삼국 가운데 가장 늦게 불교가 전해졌어요. 불교는 통일 신라와 고려를 거쳐서 점점 더 발전했지요. 세력이 약해진 것은 조선 시대 때였지만, 당시에도 백성들 사이에서는 불교를 귀하게 받들었어요.

불교는 우리나라에 많은 영향을 끼쳤어요. 문화와 생활 양식은 물론이고 건축물에도 영향을 미쳤지요. 그중 절은 불교와 직접적인 연관이 있어요. 절은 부처님을 모시는 장소이며 많은 승려들이 수행을 하는 장소니까요.

 절 안에 왜 탑을 세울까요?

우리나라에는 돌로 만들어진 탑이 많아요. 주로 절에서 많이 볼 수 있어요. 도대체 왜 탑을 만든 것일까요? 탑은 원래 부처님의 무덤 역할을 했어요. 불교를 일으킨 석가모니가 세상을 뜰 때 화장을 한 뒤 그곳에서 나온 뼈와 유품들을 돌무덤 속에 보관했지요. 그것이 바로 탑이 된 거예요. 그럼 탑마

○ 감은사지 3층 석탑

다 부처님의 뼈가 들어 있냐고요? 그건 아니에요. 나중에는 부처님의 뜻을 기리기 위해 탑을 세웠지요. 우리나라에는 삼국 시대 때 불교가 전래되면서 탑이 함께 전해졌지요. 사람들은 탑을 보면서 자연스럽게 부처님을 떠올리게 되었어요.

탑은 나라마다 조금씩 차이가 있어요. 우리 경우에는 돌로 지은 탑이 많지만 일본은 나무로 짓고, 중국은 벽돌로 지어요.

수화를 하는 부처님

부처님의 불상마다 손 모양이 다른 것을 알고 있나요? 손 모양을 '수인'이라고 하는데 이 수인에는 부처님의 뜻이 담겨 있어요. 자, 그럼 부처님 손에 담긴 의미를 알아볼까요?

'항마촉지인'의 손 모양은 부처님이 보리수 아래서 마왕을 쫓고, 땅의 신을 불러올 때 했던 손모양이에요. 온 힘을 배로 끌어올리는 손동작이지요. 우리

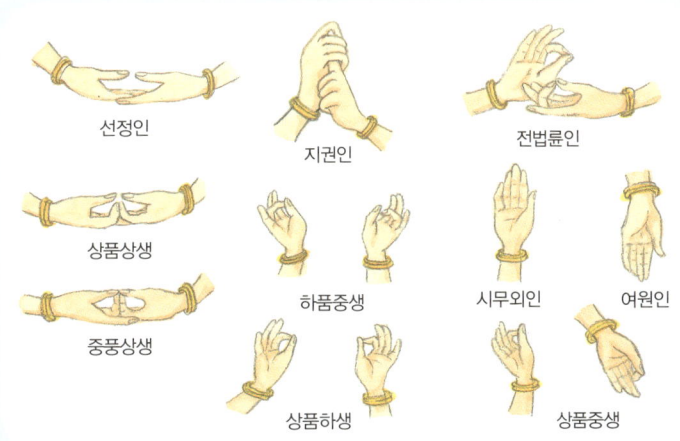

나라의 경우에는 석굴암 부처님이 항마촉지인을 하고 있어요.

다음으로 '선정인'은 부처님이 명상에 들어갈 때 하는 동작이에요. 결가부좌를 하고 두 손을 포갠 모습을 하고 있어요. '전법륜인'은 부처님이 중생들에게 말씀을 하실 때 손동작이에요. 엄지와 검지손가락을 둥글게 맞대고 있어요. 또한 마지막으로 '시무외인'은 부처님이 중생들의 마음속에 있는 두려움을 없애고, 평화를 주기 위한 손동작이에요. 팔을 들고 손바닥을 바깥쪽이 보이게 편 동작이지요.

이 밖에도 다양한 손동작이 있고, 각각의 의미가 있어요.

◎ 석굴암 본존불의 손모양(항마촉지인)

선생님과 역사 읽기 ••• 우리 조상들의 믿음을 찾아서

민간 신앙

아주 오래전, 사람들은 해와 달 그리고 산과 나무, 곰 같은 것 앞에서 소원을 빌었어요. 당시 사람들은 세상 모든 만물에 영혼이 깃들어 있다고 믿었기 때문이지요. 이것을 바로 애니미즘이라고 하는데, 단군 신화에 나오는 곰도 여기에 속해요. 이러한 민간 신앙은 언제 시작되었는지 알 수 없고, 불교나 천주교 같이 특정한 단체가 있는 것도 아니에요. 민간 신앙은 일반 백성들 사이에서 오래도록 내려오는 신앙을 말해요. 다양한 종류가 있지만 크게 보면 무속 신앙, 풍수 신앙, 마을 신앙, 가신 신앙으로 나눠서 살펴볼 수 있어요.

▶무속 신앙

부채와 방울을 흔들면서 주술을 외우는 무당을 본 적이 있을 거예요. 무속 신앙은 바로 이 무당이 중심이 되어서 전해 내려온 종교를 말해요. 무당은 귀신을 쫓거나 복을 기원할 때 굿을 해요. 신과 인간 사이를 연결해 주는 역할을 맡고 있지요. 오늘날에도 여전히 무당이 굿을 하기도 해요. 가정의 안정과 평화를 기원하는 '안택굿'이 그중 하나지요. 안택굿은 대전의 무형 문화재로 지정되어 있답니다.

굿과 무당

▶풍수 신앙

풍수설 때문에 한양에서 여주로 옮긴 세종 대왕릉

'명당'이라는 소리를 들어본 적 있나요? 명당은 풍수지리설과 관계가 있어요. 풍수지리로 봤을 때 좋은 집터나 묏자리를 명당이라고 해요. 풍수지리설은 삼국 시대에 도입되었고, 고려 시대에 전성기를 맞았어요. 오늘날에도 어른들은 '묘를 잘 써야 자손이 번창하지.'라는 말을 자주해요. 그만큼 풍수 신앙은 우리 생활에 깊숙이 자리 잡고 있어요.

풍수 신앙은 강, 산, 땅의 기운을 살펴서 좋은 자리를 정하고 이것을 인간의 운명과 연관 지어서 생각해요. 풍수 신앙에서는 하늘의 사방을 네 종류의 동물신이 지켜 준다고 믿고 있어요. 그래서 방위를 나눌 때에도 동서남북이 아니라 '백호·청룡·주작·현무'라고 불러요. 백호는 호랑이, 청룡은 용, 주작은 봉황, 현무는 거북과 뱀이 합쳐진 모습이에요.

▶ 마을 신앙

마을 신앙은 마을 사람 모두가 공동으로 신을 모시고 제사를 지내는 것을 말합니다. 마을 사람들은 다 함께 모여서 제사를 지낸 뒤, 함께 어울려 노는 일이 많았어요. 마을에서 의논해야 할 일들을 꺼내 놓는 자리가 되기도 했지요. 마을 신앙 덕분에 사람들은 하나로 똘똘 뭉칠 수 있었어요. 그럼 마을 신앙의 종류에 대해 몇 가지 살펴볼까요?

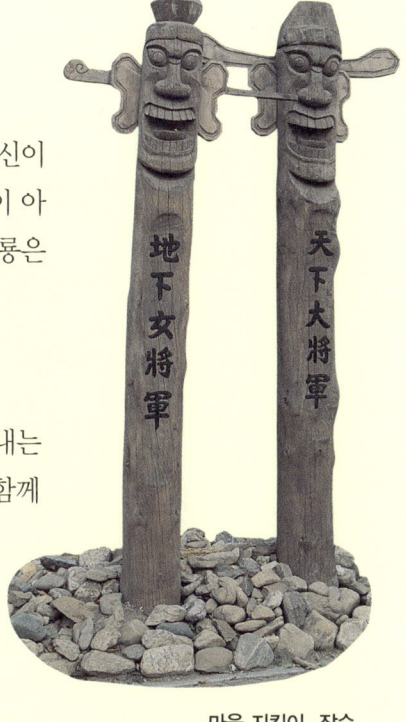

마을 지킴이, 장승

• 산신제

산신은 산을 맡아서 지키는 신이에요. 마을 사람들은 산신이 산 아래 마을 사람들도 지켜 준다고 믿었어요. 매년 정초나 봄·가을이 되면 산신에게 제사를 올렸답니다. 산신에게 제사를 올리는 곳을 산신당이라고 하지요. 우리에게는 '서낭당'이라는 이름으로 더 익숙한 곳입니다. 마을에 커다란 나무에 천이 매달려 있는 것을 본 적이 있나요? 그곳이 바로 서낭당이에요.

국사당. 서울을 지키는 신당

• 동제

동제는 무당이 제사를 이끌고 나가요. 그래서 제사는 물론이고 굿도 함께 곁들이지요. 지역에 따라 동제를 하는 목적이 조금씩 달라져요. 어촌의 경우에는 물고기를 많이 잡고, 바다에서 안전할 수 있게 해 달라고 기원을 해요. 농촌의 경우에는 풍년이 들게 해 달라고 기원을 하지요.

- **기우제**

기우제는 가뭄이 들었을 때 비가 오게 해 달라고 비는 제사예요. 이 제사를 올리는 것은 바로 왕이었어요. 당시에는 가뭄이 들면 그걸 왕의 잘못이라고 여겼거든요. 왕이 잘못을 해서 하늘이 화가 났다고 생각한 것이지요. 왕은 비를 내리기 위해 단식을 하고, 몸을 깨끗하게 한 뒤에 하늘에 제사를 올렸어요.

- **탑신제**

탑신제는 탑제라고도 해요. 마을에서 악귀를 쫓고, 평안과 풍년을 기원하기 위한 행사였어요. 탑은 마을 입구에 설치되고, 지름 5m, 높이 5m 정도의 돌을 원형으로 쌓아 놓은 형태예요. 탑 옆에는 긴 장대가 있고, 장대 끝에는 새 모양의 조각이 붙어 있어요. 이걸 솟대라고 불러요. 그리고 솟대 옆에는 장승이 서 있는데, 천하대장군이나 지하대장군이라고 부르지요.

돌탑

▶ **가신 신앙**

가신은 집을 다스리는 신을 말해요. 집 안 곳곳에 있으면서, 집을 돌보는 신이에요. 외부에서 들어오는 불행한 기운을 막아 준다고 여겼지요. 아주 많은 신들이 있지만 그중 몇 가지를 살펴보도록 해요.

- **성주신**

가신 중에서도 으뜸으로 여겨지는 신이에요. 집을 지켜 주는 신이지요. 집을 새로 지었거나 이사를 한 뒤에는 성주신에게 제사를 올렸어요. 대들보 밑이나 기둥의 윗부분 같은 집의 중심이 되는 곳에 성주신이 자리 잡고 있다고 생각했어요.

• 조왕신

조왕신은 부뚜막에 자리하고 있어 부뚜막신이라고도 불러요. 그래서 옛날에는 부뚜막에 앉으면 불호령이 떨어졌지요. 조왕신은 부엌에 있으면서 집에서 일어나는 좋은 일과 흉한 일들을 판단하는 역할을 맡아요. 그리고 삼신처럼 아이를 돌보는 일도 해요.

대들보(기둥과 기둥 사이를 건너지른 보)

• 삼신

친근하게 삼신 할머니라고 부르는 삼신은 아기를 점지해 주는 신이에요. 뿐만 아니라 태어난 아기들이 건강하게 자랄 수 있도록 지켜 주기도 해요. 이 분은 집안의 아랫목에 자리하고 있어요. 아랫목에는 한지로 만든 자루가 있고, 이 안에 쌀을 넣어서 높이 매달았어요. 이걸 삼신이라고 생각하고 소원을 빌었답니다.

옛날 부엌과 부뚜막

• 터주신

터주신은 땅을 관장하는 신이에요. 땅으로부터 올라오는 나쁜 기운을 눌러서 가족들을 안전하게 지켜 준다고 여겼어요. 조상들은 터주신을 터줏대감이라고 불렀어요. 그럼 터주신이 있는 곳은 어디일까요? 이 신은 집의 뒤뜰에 있는 장독대 옆에 거주하고 있어요.

장독대

고구려의 위대한 전쟁

고구려는 몇 차례의 수나라의 공격을 받지만 을지문덕 장군의 용맹과 지략으로 위기를 넘기게 됩니다. 618년, 수나라는 몇 차례에 걸친 고구려 공격의 실패로 국력이 쇠퇴하여 멸망하고 뒤를 이어 당나라가 또다시 고구려를 괴롭힙니다.

아아, 살수 대첩

고구려의 영양왕이 왕위에 오를 무렵(590년), 중국 땅에서는 양견(문제, 수나라 1대 황제)이 수나라를 세웠어요. 그는 30만 대군을 훈련시켜 고구려를 침략했습니다. 하지만 고구려군이 곳곳에서 기습작전을 펼치고 장마와 전염병까

운제
사다리차로 성벽을 오르는 데 썼던 기구이다. 어떤 것은 밑에 군사들이 들어갈 수 있는 방이 있다.

화차
수레 가운데 기름 가마솥을 놓고 주위에 장작을 실은 수레로 성문 앞에 놓고 불을 붙인 채 굴려 성문을 불태우는 데 쓰는 기구이다.

○ 수·당나라 군사들이 고구려를 공격할 때 사용했던 신무기들

지 나돌아 수나라 군대는 발길을 돌려야 했어요. 이어 그의 아들 양제가 다시 113만의 대군을 이끌고 고구려를 침략했습니다(612년 1월, 영양왕 23년).

양제는 113만 대군 중 육군을 좌군과 우군으로 나누고 각 군을 다시 12군으로 나누었습니다. 이때 우군의 사령관에 우중문, 좌군의 사령관에 우문술을 임명했습니다. 별도로 편성한 수군 사령관에는 내호아를 임명하여 산둥 반도에서 평양성으로 직접 공격하도록 했습니다.

그러나 우문술과 우중문이 이끄는 육군은 요동성에서 막혀 고전을 면치 못했습니다. 왜냐하면 성을 방어하는 전술이 뛰어났던 고구려 병사들은 요동성에 50만 석이 넘는 군량미를 쌓아 놓고 장기전에 대비하고 있었기 때문이었습니다.

여기에 더하여 고구려군은 수나라의 공격이 시작되자, 위급할 때마다 거짓으로 항복하여 수나라 군사들의 작전에 혼란을 주었습니다. 그런가 하면 불시에 기습 공격을 시도해 적을 당황하게 했습니다.

소차
움직이는 망대로 성 안을 관측하는 기구이다.

충차
성문이나 성벽을 공격하는 무기인데 수레에 둔탁한 기구를 실어 뒤에서 힘껏 밀어서 공격했다. 성벽 밑에 땅을 팔 때도 사용했다.

그러자 수나라의 황제는 30만에 이르는 부대를 만들어 곧바로 평양성을 향해 진격 시켰습니다.

"요동성을 피해 고구려의 도읍을 빼앗아라! 평양성을 점령하면 고구려는 쉽게 무너질 것이다!"

총공격 사령관은 우문술이었고 우중문도 함께 평양성으로 달렸습니다.

이때, 고구려의 을지문덕은 압록강 남쪽에서 적을 기다리고 있었습니다.

"아무래도 안 되겠구나. 적을 알아야 싸움에서 이긴다 했으니 내가 직접 수나라 진영으로 들어가 그들의 형편을 알아봐야겠다."

수나라의 군대가 압록강 북쪽에 다다르자 을지문덕은 굳게 결심했습니다. 하지만 부하 장수들은 반대했습니다.

"장군, 홀로 적진에 들어가는 일은 매우 위험하옵니다."

"이곳에서 기다리며 적의 동태를 살피시옵소서."

그럼에도 불구하고 을지문덕은 혼자서 흰 깃발 하나만 들

◎ 을지문덕 장군

고 수나라 진영으로 향했습니다.

을지문덕이 다가가자 수나라 병사들은 을지문덕을 잡아 우중문에게 데려갔습니다. 그리고 앞다투어 말했습니다.

"을지문덕의 목을 베어야 합니다."

"을지문덕을 살려 두면 뒷날 우리 수나라 군사들이 큰 화를 당할 것이옵니다."

그러나 을지문덕은 겁먹지 않고 우중문을 향해 크게 소리쳤습니다.

"이보시오, 우중문 장군! 내가 아무리 당신들의 적이라 해도 나 역시 그대처럼 한 나라의 장수요. 나는 항복을 하러 온 몸인데 어찌 이렇게 무례하게 잡아 가둘 수가 있소? 나는 수나라가 몹시 큰 나라인 줄 알았는데 아주 소인배의 나라인 모양이구려."

그러자 우중문은 얼굴이 붉어졌습니다. 유사룡이라는 신하가 나서서 을지문덕을 풀어 줄 것을 권했습니다.

"장군, 제 발로 찾아온 을지문덕을 잡아 두면 우리 수나라의 체면이 땅에 떨어질 것이옵니다."

이때를 기다려 을지문덕은 다시 말했습니다.

"여기 항복 문서를 가져왔

✓ 을지문덕이 외국인?

을지문덕의 '을지'는 어느 나라 성일까요? 여기에는 여러 의견이 있어요. 단순히 연장자를 의미하는 '을'과 존대를 뜻하는 '지'가 합해져서 만들어졌다는 견해와 중국 선비족 계통의 성인 '울지'를 썼다는 의견이 있지요. 하지만 여러 가지 가능성만 추측되고 있을 뿐이에요. 을지문덕이 자랑스러운 고구려인이라는 사실은 변함이 없어요.

소. 나는 이제 돌아가 우리 임금을 뵙고 어떤 조건으로 항복할 것인지를 알아 와야겠소."

우중문은 하는 수 없이 을지문덕을 풀어 주었습니다. 그리고 을지문덕은 다시 배를 타고 압록강을 건너 남쪽으로 향했습니다.

물론 항복 문서는 임금의 옥새도 찍히지 않은 가짜였습니다.

이 사실을 뒤늦게 깨달은 우중문은 다시 을지문덕을 잡아들이라고 명령했지만 이미 때는 늦었습니다. 을지문덕은 어느새 강을 건너 고구려군의 진영에 도착해 있었습니다. 을지문덕은 급히 장수들을 모아 놓고 의논했습니다.

"내가 보건대, 수나라 군사들은 굶주림과 피로에 몹시 지쳐 있소. 이들을 우리나라 깊숙이 유인해 기습하면 모두 물리칠 수 있을 것이오."

을지문덕의 판단은 정확했습니다. 실제로 수나라 병사들은 먹을 것이 없어 허덕이고 있었습니다.

게다가 오랫동안 먼 길을 행군한 탓에 기진맥진한 상태였습니다.

"우선 청야('들판을 비운다.'는 뜻으로 적의 진격로를 미리 파악하여 적에게 필요

한 물자를 모두 없애는 것이에요)전술을 써야겠소. 수나라 군사들이 지날 만한 길목을 미리 알아 두었다가 그 길가의 곡식과 가축을 비롯해 먹을 수 있는 것은 모조리 없애시오. 우물도 메우고 백성들도 성 안으로 대피시키시오. 그런 뒤, 적군을 평양성 근처까지 유인합시다."

◯ 수나라군의 고구려 공격도

 을지문덕은 다시 명령했습니다. 그리고 급히 남쪽으로 후퇴했습니다. 그러자 우중문의 수나라 군대가 쫓아왔습니다. 물론 그것은 기다리던 바였습니다.
 그들은 을지문덕의 속셈을 모르고 있었습니다.
 을지문덕이 지휘하는 고구려군은 꽁지가 빠지게 도망치며 적들을 유인했습니다. 어떤 날은 일곱 번을 싸워 일곱 번을 모두 져 주었습니다.
 이윽고 고구려군은 후퇴를 거듭하며 평양성 근처 30리 지점에 다다랐습니다. 바로 그곳에서 을지문덕은 우중문에게 한 편의 시를 지어 보냈습니다.

　　아, 신기한 그대의 전략 전술 (神策究天文)
　　천문지리에 통달했구료 (妙算窮地理)
　　싸움마다 이겨 그 공이 높으니 (戰勝功旣高)
　　이제 만족하고 그만둠이 어떨까 하오 (知足願云止)

그것은 우중문의 어리석음을 조롱하는 것이었습니다.
을지문덕은 또 한 통의 편지를, 이번에는 우문술에게 보냈습니다.

만약 그대의 병사들이 압록강 밖까지 물러난다면 내가 친히 왕을 모시고 신하의 예를 올리겠소.

비로소 눈치 빠른 우문술은 무언가 잘못됐다고 생각했습니다. 우문술은 후퇴를 명령했습니다.
"철수하라! 병사들은 신속히 철수하라. 그것만이 살 길이다."
수나라 병사들은 급히 물러나기 시작했습니다.
을지문덕은 이들을 유심히 지켜보고 있었습니다. 그리고 후퇴를 거듭하던 수나라 병사들이 살수(지금의 청천강이죠)에 이르렀을 때였습니다.

> **살수 대첩**
>
> 고구려 영양왕 때 고구려와 수나라가 살수에서 벌인 큰 싸움. 이때 을지문덕 장군이 수나라 군대를 유인해 살수 상류에 막았던 물을 풀어 수나라군을 전멸시키는 공을 세웁니다.

그때 살수에는 물이 조금밖에 흐르지 않고 있었는데, 수나라 병사들은 그 이유가 가뭄 때문이라고 생각했습니다.

그래서 아무런 의심도 하지 않고 앞을 다투어 강으로 뛰어들었습니다. 을지문덕은 바로 이때를 기다리고 있었습니다.

을지문덕은 큰 소리로 명령했습니다.

"살수 상류의 물을 풀어라! 제방을 터트려라!"

신호가 떨어지자 강 상류에 있던 병사들이 재빨리 움직였습니다. 이들은 을지문덕의 명령에 따라 살수의 상류 중에서 가장 강폭이 좁은 지역에 임시로 제방을 쌓고 강물을 최대한 많이 가두어 놓았던 것입니다.

잠깐 뒤의 일이었습니다. 잔잔하던 살수 강 상류에서 시커먼 흙탕물이 '콰르릉' 하는 소리를 내며 쏟아져 내려오기 시작했습니다. 워낙 많은 물을 한꺼번에 풀어 놓은 터라 물살이 거셌습니다. 강 한가운데를 건너던 수나라 병사들은 물에 휩쓸려 떠내려갔습니다. 헤엄을 칠 줄 아는 병사들조차 거친 물살을 견디지 못했습니다.

"공격하라! 수나라 병사들을 한 놈도 남기지 마라!"

을지문덕이 외쳤습니다.

◐ 살수 대첩도(민족기록화)

그러자 고구려군은 물을 피해 다시 강가로 올라오는 수나라 병사들을 향해 화살을 퍼붓고 창칼을 휘둘렀습니다.

수나라 병사들은 그렇지 않아도 지치고 힘든 차에 물과 고구려군의 공격을 받아 어쩔 줄을 몰라 했습니다. 어떤 병사도 제대로 대항하지 못했습니다.

겨우 살아남은 병사들만 살수를 건너 북쪽으로 달아났습니다. 그러나 고구려군은 그들마저 살려 두지 않았습니다. 자신감에 가득 찬 고구려 병사들은 수나라 병사들을 압록강 끝까지 쫓아가 섬멸했습니다.

처음 평양성으로 진격했던 군사의 수가 무려 30만 5천여 명, 그러나 살아서 돌아간 군사의 수는 고작 2천 7백여 명뿐이었습니다.

가장 큰 충격을 받은 사람은 수나라 황제였습니다.

"아아! 백만 대군으로도 고구려를 차지하지 못한단 말인가? 게다가 별동 부대 30만 대군 중에서 살아 돌아온 자가 겨우 3천도 안 된단 말이냐!"

얼마 지나지 않아 수나라는 멸망했습니다. 고구려를 침략하기 위해 너무나 많은 국력을 낭비했기 때문이었습니다.

⬆ 고구려의 전진 기지 역할을 했던 백암성

✔ **백암성**

고구려 시대 때 지어진 서부 지방의 방위성. 여러 차례 외세의 침략을 물리쳤으나 당 태종이 고구려를 침공했을 때, 당시 성주였던 손대음의 항복으로 함락되기도 했습니다.

전쟁에 나간 노비

삼국 시대의 노비들은 전쟁터에 나가도 직접 싸움을 하지 않았어요. 당시 노비들은 전쟁터에서 사소한 심부름만 했지요. 그것은 노비가 재산처럼 여겨졌기 때문이래요. 노비가 죽거나 다치기라도 하면 노동력을 잃어버리는 것과 같았지요. 하지만 이건 삼국 시대 때 얘기고요. 고려 시대와 조선 시대에는 노비들도 목숨을 걸고 전쟁에 나갔어요.

안시성의 승리

수나라에 이어 중국을 통일한 당나라 역시 고구려 정벌의 야심을 드러냈습니다. 동북아시아의 최강자였던 고구려와 당나라는 전쟁을 피할 수 없는 운명이었습니다.

고구려는 천리장성을 쌓으며 당나라의 침략에 대비해 나갔습니다. 그러나 당나라를 향한 정책을 둘러싸고 강경파와 온건파로 나뉜 고구려의 국내 사정은 매우 어지러웠습니다.

"오랜 전쟁으로 나라가 어려움에 처해 있소. 당나라와 화친을 맺어 전쟁을 피해야 할 것이오!"

영류왕과 온건파는 당나라에 조공을 보내서라도 화친을 맺어야 한다고 주장했습니다. 하지만 고구려의 자존심을 절대로 굽힐 수 없었던 연개소문과 강경파의 생각은 단호했습니다.

"당나라는 결국, 고구려를 공격할 것이오. 모두가 힘을 모아 당나라와 맞서 싸워야 하오!"

시시각각 전쟁의 위기가 다가왔지만 고구려는 국론을 하나로 모으지 못하고 있었습니다. 혼란이 거듭되자, 연개소문

◐ 고구려 기마병 모형(단양 온달산성 유적지)

을 시기하고 미워하던 귀족들은 영류왕과 짜고 암살 계획을 세웠습니다. 그러나 연개소문은 호락호락 당할 인물이 아니었습니다.

642년(영류왕 25년), 암살 음모를 눈치 챈 연개소문은 반정을 일으켜 음모에 가담했던 귀족들과 영류왕을 죽이고 단숨에 권력을 움켜쥐었습니다. 보장왕을 새 임금 자리에 앉히고 대막리지에 오른 연개소문의 권력은 왕조차 넘볼 수가 없었습니다.

고구려의 모든 권력을 쥔 연개소문은 나라를 안정시키는 한편, 신라를 공격해 잃어버린 옛 땅을 되찾았습니다. 그러자 고구려 공격의 기회를 호시탐탐 노리던 당나라가 요동성으로 진격해 오기 시작했습니다.

"수나라가 당한 치욕을 갚겠노라."

당 태종은 고구려가 신라를 공격한 일을 트집 잡고 수나라의 복수를 내세우며 십만 대군을 일으켰습니다.

645년(보장왕 4년), 고구려 국경을 넘은 당나라군은 요동성을 향

> ✓ **전쟁의 규칙**
>
> 전쟁에서도 지켜야 할 것이 있었어요. 화가 난다고 해서 함부로 다른 나라를 쳐들어갈 수는 없었지요. 삼국에서는 농사를 지을 시기에는 전쟁을 피했어요. 씨를 뿌릴 때나 곡식을 수확할 때에는 전쟁을 하지 않았지요. 이때 전쟁을 하는 것은 서로에게 이익이 되지 않는다는 걸 알기 때문이에요. 승자든 패자든 곡식이 없으면 굶어 죽을 테니까요.

해 무서운 기세로 밀어닥쳤습니다. 수나라가 패배한 이유를 잘 알고 있었던 당 태종의 군대는 만반의 준비가 되어 있었습니다.

요동성을 단숨에 함락시킨 당나라군은 백암성, 비사성을 차례로 무너뜨리며 안시성으로 향했습니다. 고구려 군사들이 용감하게 맞섰지만 당 태종이 이끄는 대군을 막아 내기에는 역부족이었습니다. 안시성마저 빼앗기면 랴오둥 반도(요동 반도)를 모조리 적에게 내어줄 위기였습니다.

"안시성은 요동성보다 작은 성이다. 당장 공격하라!"

안시성을 단숨에 무너뜨릴 수 있다고 생각했던 당 태종은 몹시 당황하기 시작했습니다. 수십일 동안 성을 포위하고 맹공을 퍼부었지만 안시성은 끄떡도 하지 않았던 것입니다. 고구려의 군민이 하나로 단결한 안시성은 무너지지 않는 철옹성이었습니다.

"성벽 앞에 토산을 높이 쌓아 올려라! 높은 토산에서 성 안을 공격하라!"

수십 차례 공격으로도 안시성을 함락시킬 수 없었던 당 태종은 토산을 쌓아 올렸습니다. 60여 일 동안 수십만 명이 동원된 엄청난 공사였습니다.

고구려군도 가만있지 않았습니다. 고구려군은 성벽에 울타리를 쌓으며 토산에서 공격을 퍼붓는 당나라군과 공방전을 벌였습니다.

다행히 치열한 전투가 벌어질 무렵, 토산의 일부가 갑자기 무너지기 시작했습니다. 고구려는 이 기회를 놓치지 않았습니다.

"토산이 무너졌다. 당나라군을 몰아내고 토산을 점령하라!"

고구려군은 혼란에 빠져 우왕좌왕하는 당나라군을 단숨에 밀어붙였습니다.

이 공격으로 토산마저 빼앗긴 당 태종은 분노를 참을 수가 없었습니다. 두 달간 힘들게 쌓은 토산을 빼앗기자 안시성을 더 이상 공격할 방법이 없었습니다. 더구나

○ 중원고구려비

◐ 당나라군의 고구려 공격도

◐ 당 태종

싸움이 길어지면서 매서운 추위가 몰려오고 있었습니다. 군량미가 떨어지고 사기가 꺾인 당나라군은 싸울 힘조차 없었습니다.

"추위와 굶주림으로 죽는 병사들이 늘어나는구나. 안시성 하나를 함락시키지 못하고 돌아가야 한단 말인가!"

당 태종은 길게 탄식했습니다.

결국, 고구려 정복에 실패한 당나라는 군대를 돌려야만 했습니다. 패배를 받아들인 당 태종은 끝까지 안시성을 지켜 낸 성주에게 비단 백 필을 보냈습니다. 비록 패했지만 안시성을 훌륭하게 지켜 낸 장수에게 절로 고개가 숙여졌던 것입니다.

이때, 안시성 전투를 승리로 이끈 장수가 누구였는지는 정확히 알려져 있지 않습니다. 다만, 조선 후기 실학자 박지원이 쓴 〈열하일기〉에 안시성의 성주가 양만춘이었다고 전해지고 있습니다.

안시성 전투를 값진 승리로 이끌었지만 고구려와 당나라의 전쟁은 이후에도 계속되었습니다.

바보 온달 이야기

고구려 평강왕 때 일이랍니다. 옛날 온달이라고 하는 마음씨 착한 청년이 홀로 눈 먼 어머니를 모시며 살았어요. 온달은 몸이 마르고 생김새가 우스꽝스러워 사람들로부터 '바보 온달'이라고 놀림을 받았지요.

그 소문은 궁궐까지 퍼져 평강왕의 귀에도 들어갔어요. 평강왕에게는 울기를 잘하는 평강 공주가 있었지요. 평강 공주가 어려서 울기를 잘하자 이렇게 말했대요.

"어허, 이렇게 울기만 하면 바보 온달에게 시집을 보낼 거다."

시간이 흘러 평강 공주가 시집갈 나이가 되자, 왕은 귀족 중에서 평강 공주에게 어울릴 짝을 찾았어요. 그러나 평강 공주는 옛날 아버지가 자신에게 얘기했던 것처럼 온달에게 시집을 가겠다고 고집을 피웠지요. 결국 공주는 평강왕에게 혼나, 궁궐에서 쫓겨났고 온달을 찾아 결혼했지요.

평강 공주는 궁궐에서 가져온 여러 가지 패물로 생활을 하며 온달에게 학문과 무예를 닦게 했어요. 꾸준히 실력을 키우던 온달은 3월 3일 낙랑의 언덕에서 열리는 수렵 대회에 참가하여 뛰어난 솜씨로 왕의 눈에 들게 되지요.

그 뒤, 중국 북조의 무제가 고구려를 쳐들어오자 온달은 선봉이 되어 무제군을 무찌르고 큰 공을 세워 왕의 사위로 인정받으며 대형이라는 벼슬을 받습니다. 그러나 590년 영양왕 때 신라에게 빼앗긴 한강 유역을 되찾기 위해 출정했다가 아차산성에서 전사하고 말았답니다.

○ 온달 산성. 온달이 죽은 곳이 아차산성이 아니라 온달산성이라는 의견도 있다.

저기요, 선생님! 이런 게 궁금해요
고구려의 위대한 전쟁

수나라의 대군은 왜 고구려 정복에 실패했나요?

수나라 황제인 양제가 무려 113만 명의 대군을 이끌고 고구려에 쳐들어왔어요. 113만 명이면 어느 정도 되는지 감이 잡히지 않는다고요? 수나라에서 군대를 40리(약 16km) 간격으로 배열한 후에 차례로 고구려로 진입하면 113만 명이 고구려에 도착하는데, 무려 40일 정도가 걸립니다. 이 군대를 쭉 늘어놓으면 거리가 무려 3,840km에 달하고요. 정말 어마어마한 숫자지요? 이런 대군이 고구려에 몰려 왔지만 수나라는 별다른 힘을 쓰지 못했어요. 고구려 군사들의 용맹함과 뛰어난 전술에 당할 수가 없었던 거지요.

쉽게 끝날 줄 알았던 고구려 정복은 좀처럼 이루어지지 않았어요. 수나라는 대군을 거느리고 왔기 때문에 고구려에서 시간을 오래 끌 수가 없었는데 말이지요. 대군들이 먹을 식량이 떨어지면 정말 큰일이었지요. 인원이 많으니까 필요한 밥의 양도 많았겠지요? 한 끼만 챙겨 먹는다고 해도 천문학적인 액수가 필요했을 거예요. 그래서 수나라 군사들은 굶주림에 지쳐서 싸울 힘조차 남아 있지 않았어요. 어쨌거나 이렇게 엄청난 숫자의 군대를 무찌르다니! 정말 대단한 고구려인들이지요.

◑ 고구려 병사 모형

'청야 전술'은 무엇인가요?

전쟁을 하는 데 있어서 가장 먼저 확보되어야 할 것이 있어요. 바로 식량이지요. 먹을 것이 없으면 기운이 없어서 싸울 수가 없었어요. 그래서 이를 이용하는 전술이 있었지요. 바로 '청야 전술'이라고 해요. 쉽게 풀자면 '굶어 죽이기' 전술이에요. 적들이 지나가는 길목을 미리 파악해 두었다가, 그쪽에서 생산될 수 있는 식량을 모두 다른 곳으로 옮기거나 치우는 전략이지요. 이게 효과가 있냐고요? 상대편이 식량을 가지고 다닐 경우에는 치명적인 위협이 될 수 없겠지요. 그럴 경우에도 상대의 공격 속도를 늦추는 효과가 있어요. 식량을 가지고 싸우다 보면 신속하게 움직일 수가 없을 테니까요. 또 싸움이 길어질 때에는 식량이 부족한 상대편이 저절로 싸움을 포기하기도 하지요.

수나라가 우리나라에 침략했을 때에도 이 전략이 통했어요. 처음으로 '청야 전술'을 시작한 것은 바로 '명림답부'라는 사람이에요. 고구려의 뛰어난 재상이지요.

◐ 고구려군의 행군 모습

고구려의 마지막 도읍지

◐ 평양성(을밀대)

우리나라 역사상 유일한 정복국가였던 고구려는 적이 많았어요. 북쪽으로는 중국과 남쪽으로는 백제·신라와 맞서야 했지요. 백제와 신라의 경우는 고구려와 맞서기 위해 동맹까지 맺었으니 고구려가 얼마나 강한 상대였는지 짐작할 수 있겠지요?

이러한 적들을 상대로 장수왕은 광개토 대왕이 정벌한 북쪽의 땅을 지키고 남쪽으로도 땅을 넓히기 위해 고민했어요. 그리고 결국 평양으로 도읍을 옮겼지요.

남쪽으로 도읍을 옮긴 장수왕은 북쪽으로 정벌을 나서기 전에 먼저 백제부터 공격했어요. 북쪽과 싸움을 하는 도중에 남쪽에 있는 백제가 쳐들어오는 것을 막기 위해서였지요. 양쪽에서 공격을 해 온다면 아무리 강한 고구려라고 해도 위험한 상황에 처할 수 있을 테니까요. 당나라의 공격으로 고구려가 멸망할 때까지 평양성은 고구려의 도읍이었어요.

한반도의 진정한 주인은 누구인가

신라는 당나라의 지원을 얻어 삼국 통일의 야심을 키웁니다.
신라는 660년 백제를 공격하여 의자왕의 무릎 꿇게 하였으며,
당나라군과 함께 고구려를 공격하여 멸망시키고 당나라 세력까지 완전히 몰아낸 뒤, 삼국을 통일합니다.

✓ 김춘추

김춘추는 신라의 29대 왕이에요. 일본 역사책에 김춘추의 외모가 신비롭다고 기록될 정도로 그의 외모는 뛰어났는데 이렇게 완벽한 김춘추에게 부족한 게 있었어요. 바로 출신이었지요. 그는 진골 출신이었어요. 왕족의 혈통을 지닌 그가 왜 성골이 아닌 진골 출신이었을까요? 그는 신라 25대인 진지왕의 손자인 김용춘의 아들이에요. 할아버지인 진지왕이 부도덕한 일을 저지른 탓에 왕에서 쫓겨났고, 그 바람에 김춘추의 신분이 떨어지게 된 거예요. 원래 성골이었던 김춘추가 진골이 된 것이지요. 당시 신라는 골품 제도를 엄격하게 지키고 있었기 때문에 성골 출신이 아니면 왕이 될 수 없었어요. 하지만 김춘추가 왕이 될 수 있었던 것은 그의 뛰어난 외교 능력과 김유신의 도움 덕분이지요.

최고의 외교관 김춘추

김춘추와 김유신의 활약은 눈부셨습니다. 특히 선덕 여왕이 즉위했을 때, 선덕 여왕이 여자라고 깔보며 비담이라는 신하가 난을 일으키자 두 사람은 앞에 나서서 반란을 진압했습니다. 동시에 옛 귀족들을 모두 몰아내고 김춘추는 다음 임금이 될 자리를 마련했습니다. 이 사건으로 김춘추와

김유신은 신라에서 손꼽히는 귀족이 되었습니다. 그러나 김춘추는 여기서 만족하지 않았습니다.

김춘추는 곧 아들 법민(후에 문무왕이 되었어요)과 함께 당나라로 건너갔습니다. 백제에 복수(오래전 백제의 장수 윤충이 자신의 사위와 딸을 강물에 빠뜨려 죽게 한 일이 있었어요)를 하고 나아가 삼국을 통일하기 위해서였습니다.

김춘추는 당나라 태종 앞에 머리를 조아리고 말했습니다.

"폐하, 저희 신라는 오랫동안 당나라를 섬겨 왔사온데 백제가 교활하여 우리가 당나라에 이르는 길을 막고 조공하지 못하도록 하였나이다. 부디 폐하께서 군사를 내주시어 저 흉악한 백제인들을 물리쳐 주십시오."

"하지만 그대의 나라에도 김유신이라는 훌륭한 장수가 있질 않소?"

김춘추의 말에 당나라 태종은 시큰둥하게 되물었습니다.

그러나 김춘추는 분명히 대답했습니다.

"폐하, 비록 유신에게 보잘것 없는 지혜가 있기는 하오나 어찌 폐하의 군사와 비교가 되겠사옵니까. 폐하께서 군사를 내주지 않는 한 신라의 걱정을 덜지는 못할 것이옵니다."

그리고 김춘추는 자진해서 자신의 옷을 벗고 당나라 신하의 옷을 입었습니다. 자신이 충성스러운 당나라의 신하임

○ 태종 무열왕(김춘추)

김유신과 김춘추

김유신과 김춘추가 사돈을 맺게 된 일화는 유명해요. 김유신은 김춘추의 옷을 계획적으로 찢어 그를 집으로 데려갔어요. 옷을 꿰매 주겠다고 말이지요. 이때 옷을 꿰맨 것이 김유신의 여동생 문희였는데 둘은 사랑에 빠져 아이까지 갖게 되었어요. 그런데 문제는 김춘추에게 이미 부인이 있었다는 거예요. 김유신은 동생을 첩으로 들일 수는 없었어요. 또 한번 꾀를 써서 동생 문희를 불에 태워 죽인다는 소문을 냈지요. 이런 소문은 곧 선덕 여왕의 귀에까지 들어가게 되고 여왕은 김춘추에게 문희를 아내로 맞이하라고 명령하여 둘은 부부가 됩니다.

> **✓ 계백 장군**
>
> 백제의 계백 장군이 5,000명의 군사로 신라의 5만 명의 군사를 네 차례나 물리칠 수 있었던 것은 강한 정신력 때문이었습니다. 당시 백제의 왕이 나라를 돌보지 않자, 계백 장군은 '살아서 적의 노비가 됨은 차라리 죽음만 같지 못하다.' 하여 처자식을 모두 죽이고 자신도 죽을 각오로 적진에 뛰어들었다고 합니다.

◉ 계백 장군 동상

을 보여 주기 위해서였습니다.

그런 뒤 끊임없이 당나라 군사를 보내 달라고 부탁했습니다.

결국 당 태종은 김춘추의 노력에 감탄하여 지원병을 보내 주기로 약속했습니다.

그로부터 10여 년 뒤인 654년 김춘추는 태종 무열왕으로 등극했고, 다시 6년 뒤에 소정방이 이끄는 당나라 군사 13만 명이 백제를 향해 진격을 개시했습니다. 태종 무열왕과 김유신의 통일 전쟁이 시작된 것이었습니다.

신라의 자존심 김유신

당나라 군사들이 서해에 상륙해 백제를 공격하기 시작했을 때, 김유신은 백제의 명장 계백이 기다리고 있는 황산벌로 향했습니다.

전투는 오랜 시간이 걸렸습니다. 김유신의 군대는 5만이었지만 계백의 5천 명 군사를 이겨 내지 못했습니다. 신라의 군사들은 계백의 백제군과 싸워 번번이 지기만 했습니다.

그러던 차에 어린 화랑 관창이 단신으로 계백의 군에 돌진했습니다. 화랑의 모범을 보이기 위해서였습

◆ 황산벌 전투(민족기록화)

니다. 그러나 아직 전투 경험이 많지 않은 관창은 노련한 백제군에게 사로잡혔습니다.

계백은 처음에는 관창을 어린아이라 여겨 살려서 보내 주었습니다. 하지만 관창이 거듭 백제군을 향해 돌진하자 끝내 머리를 잘라 신라 진영으로 돌려 보냈습니다.

이때 관창의 아버지 김품일이 슬픔을 참지 못하며 말했습니다.

"아아, 잘려진 목이지만 살아 있는 듯하구나. 네가 비록 죽었으나 나라를 위해 죽었으니 정말 다행이로다."

이 모습을 지켜 본 김유신이 군사들에게 외쳤습니다.

"신라의 군사들은 들으라. 화랑 관창의 죽음을 헛되이 하지 말라. 총 공격하여 백제군을 섬멸하라!"

이 소리를 들은 신라군은 용기를 얻었습니다.

계백의 군사들에게 거듭 패해 사기가 떨어졌던 신라군은 일제히 함성을 지르며 황산벌로 달려나갔습니다. 결국 마지막 승리는 신라군의 것이었습니다. 명장 계백은 인해전술로 달려드는 신라군에 밀려 끝내 숨을 거두었습니다.

 관창

신라 화랑으로 백제와의 황산벌 싸움에서 홀로 적군에 돌입한 것으로 유명합니다. 관창은 백제의 포로가 되었으나 백제의 계백 장군이 어린 소년의 용맹함에 탄복하여 죽이지 않고 돌려 보냅니다. 그러나 관창은 이에 굴하지 않고, 다시 백제 군영에 들어와 포로가 되어 죽음을 맞습니다.

✅ 김유신은 가야 사람?

김유신의 할아버지 김무력은 진흥왕의 명령을 받고 백제와의 전투에 나섰습니다. 그리고 삼년산성으로 진격해 오던 백제의 성왕을 사로잡아 목을 베어 공을 세웠습니다.
김유신의 아버지 김서현도 백제와의 전투에서 많은 공을 세우고 귀족 대우를 받았습니다.
원래 김유신은 신라가 아닌 금관가야의 후손으로 그의 증조할아버지는 금관가야의 마지막 임금인 구해왕이었으며 아버지 김서현은 가야의 시조 김수로왕의 12세손이었습니다.

그러나 승리의 기쁨도 잠시, 김유신은 즉시 기벌포(지금의 장항을 말해요)로 달려갔습니다.

그곳에서 당나라군과 합세하여 백제의 도성을 공격할 계획이었던 것입니다.

그러나 이미 약속 시간이 늦어 있었습니다.

황산벌의 전투에서 너무나 많은 시간을 끌었던 탓이었습니다.

"너희는 우리 당나라와의 약속을 어겼다. 하루 늦게 도착하여 작전에 차질이 빚어졌으니 신라 장수 하나를 끌어 내 목을 치리라."

당나라 장수 소정방과 김인문이 소리를 치며 신라의 장수 김문영을 끌어냈습니다. 그리고 칼을 뽑았습니다.

바로 이때 김유신이 나섰습니다.

"멈추시오! 우리가 늦은 것은 황산벌의 전투가 치열했기 때문이오. 김문영 장군에게는 아무런 잘못이 없소. 만약 그래도 김문영 장군의 목을 치려 한다면 먼저 나의 목을 떨어뜨려야 할 것이오."

그렇게 말하며 김유신은 큰 도끼를 집어들었습니다. 순간 김유신

🔹 재매정. 김유신 장군의 집에 있던 우물터

의 성난 머리털이 꼿꼿이 서고 허리에 차고 있던 칼이 저절로 튀어나왔습니다.

김유신의 뒤를 따르던 신라의 군사들도 당나라 군사들을 노려보며 일제히 칼을 빼어들 태세를 갖추었습니다.

당나라 군사들은 겁을 먹지 않을 수 없었습니다.

"장군, 분위기가 심상치 않으니 그만두시지요."

김유신과 신라 군사들의 분노에 찬 눈길을 살펴보던 당나라 장수 동보량이 소정방의 귀에 대고 은밀히 말했습니다.

그러자 소정방은 빼들었던 칼을 다시 집어넣었습니다.

자신도 김유신의 성난 눈초리가 무섭게 느껴졌던 것입니다.

결국 김유신과 소정방은 다시 작전을 논의하고 그해 7월 13일 사비성을 포위했습니다.

◐ 문무왕

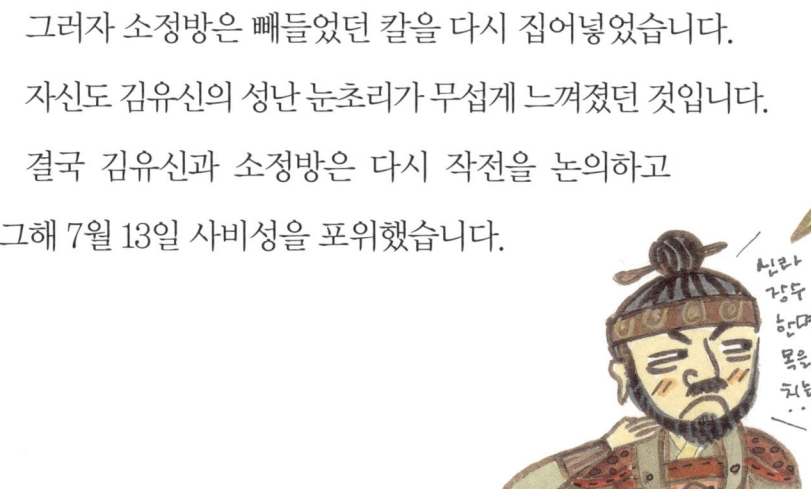

백제와 고구려의 패망, 그리고 부흥 운동

나·당 연합군이 사비성을 포위했을 때 백제의 의자왕은 몹시 허둥대고 있었습니다.

한때는 신라를 위기에 빠뜨리며 승승장구하던 의자왕은 전쟁이 일어나기 얼마 전부터 나랏일을 돌보지 않고 사치와 향락에 빠져 들었습니다. 충심으로 의자왕의 잘못을 바로잡으려 했던 성충마저 감옥에서 숨을 거둔 뒤였습니다.

"당나라와 신라가 곧 백제를 공격할 것입니다. 만일 적군이 쳐들어온다면 육군은 탄현을 넘지 못하게 막고, 수군은 기벌포에 들어서지 못하게 하소서. 그리하면 능히 적은 군사로도 수만 대군을 막아낼 것입니다!"

의자왕은 백제의 위태로운 앞날을 예견했던 성충의 마지막 상소조차 무시했습니다.

성충이 죽은 뒤, 나라 안 이곳저곳에서는 멸망의 징조들이 나타나고 있었습니다. 홰나무가 곡소리를 내며 울어 댔고, 두꺼비 수만 마리가 나무 꼭대기로 모여들더니 어느 날, 홀연히 대궐에 나타난 귀신이 "백제가 망한다!"고 외치며 땅속으로 사라졌습니다.

해괴한 일이라 여긴 의자왕은 귀신이 사라진 땅을 파 보았습니다. 그러자 등껍데기에 '백제는 보름달과 같고, 신라는 초승달과 같다.'라는 글귀가 적힌 거북이가 나타났습니다.

의자왕은 점쟁이를 불러 그 뜻을 풀어보라고 일렀습니다.

"꽉 찬 보름달은 기울기 마련이고 차지 않은 초승달은 점점 가득 찰 것입니다. 이는 백제가 쇠약해지고 신라가 융성한다는 뜻이옵니다."

크게 분노한 의자왕은 글귀를 풀어낸 점쟁이를 죽이고 말았습니다.

그리고 얼마 후, 당나라와 신라의 연합군이 사비성을 향해 다가온다는 소식이 들려왔습니다. 당황한 의자왕은 대책을 세우지 못한 채 기벌포와 탄현을 적에게 모두 내어주었습니다.

여기에 더하여 마지막으로 신라군을 막으려 했던 계백과 5천 명의 결사대마저 황산벌에서 모두 전사하자, 백제는 더 이상 버텨낼 힘이 없었습니다. 황산

벌을 뚫은 신라군은 당나라군과 합세해 사비성으로 밀어닥쳤습니다.

의자왕은 사비성을 버리고 웅진성으로 몸을 피했습니다. 그러나 미처 피하지 못한 채 성 안에 남아 있던 많은 사람들은 목숨을 잃고 말았습니다. 낙화암에서 몸을 던진 삼천 궁녀 이야기는 백제의 끝을 보여 주는 비극이었습니다.

"일찍이 성충의 말을 듣지 않아 백제가 이 지경에 이르고 말았구나!"

웅진성마저 함락될 위기에 놓인 의자왕은 지난날의 잘못을 뉘우치며 크게 탄식했습니다. 660년 7월, 의자왕은 결국 성문을 열고 나와 신라의 무열왕과 소정방에게 무릎을 꿇어야 했습니다.

그러나 백제의 혼까지 완전히 무너진 것은 아니었습니다. 충청도의 주류성과 임존성을 중심으로 잃어버린 나라를 되찾으려는 움직임이 일어나기 시작했습니다.

주류성에서는 의자왕의 사촌 동생이던 복신과 승려 도침이 일본에 가 있던 왕자 풍을 귀국시켜 흩어진 백제

◯ 삼충사. 백제의 충신 계백과 흥수, 성충을 기리기 위한 사당

인을 하나로 모았습니다. 임존성에서 군사를 일으킨 흑치상지와 지수신 등이 주류성과 힘을 합치자 백제 부흥군의 기세는 하늘을 찌를 듯 드높았습니다.

백제 부흥군은 여러 지역의 성을 점령하며 신라와 당나라 연합군을 궁지로 내몰았습니다. 그러나 내부에서 벌어진 권력 다툼으로 복신과 도침이 목숨을 잃자 백제 부흥군은 힘을 잃기 시작했습니다.

나당 연합군의 계속된 공격에 주류성이 함락되며 부흥군은 빠르게 무너졌습니다. 왕자 풍은 고구려로 망명했고 흑치상지 또한 당나라로 투항했습니다.

뒤이어 임존성을 지키며 끝까지 저항하던 지수신이 고구려로 도망치자, 3년간 지속되었던 백제 부흥 운동도 막을 내렸습니다. 부흥 운동의 실패와 함께 7백여 년의 역사를 이어온 백제도 끝내 멸망하고 말았습니다.

◐ 중국 낙양에서 발견된 흑치상지의 묘비 일부

◐ 평양성 지도(조선 시대)

고구려의 최후

백제를 무너뜨린 당나라와 신라 연합군은 661년(보장왕 20년), 고구려 정벌에 나섰습니다. 요하를 건너온 당나라군은 평양성까지 단숨에 진격해 왔습니다. 그러나 연개소문이 버티고 있는 고구려의 저력은 막강했습니다.

"연개소문이 살아 있는 한 고구려를 무너뜨릴 수 없단 말인가!"

고구려의 강력한 방어에 막힌 당나라군은 아무런 성과 없이 철군을 해야 했습니다. 연개소문을 중심으로 똘똘 뭉친 고구려는 쉽게 무너지지 않았습니다.

하지만 666년(보장왕 25년), 연개소문이 갑자기 사망하자 고구려는 큰 혼란에 휩싸였습니다. 수십 년 동안 연개소문이 누렸던 권력을 독차지하기 위해 세 아들 사이에 형제 다툼이 벌어진 것이었습니다. 피비린내 나는 싸움을 부추긴 것은 그동안 연개소문에게 억눌려 온 귀족들이었습니다.

연개소문의 맏아들 남생이 대막리지에 올라 국경을 살피기 위해 평양성을 비우자, 대신들이 다른 두 아들인 남건과 남산을 찾아갔습니다.

"남생은 두 분을 의심하고 있습니다. 남생이 없는 기회에 대막리지에 오르지 않는다면 훗날, 죽음을 면치 못할 것입니다!"

연개소문의 아들을 모조리 제거하려 했던 대신들은 이번에는 남생을 찾아가 이간질을 했습니다.

"두 아우가 대막리지를 죽이고자 음모를 꾸미고 있습니다!"

대신들의 계략에 말려든 세 형제는 결국, 서로에게 칼을 겨누고 말았습니다. 이 싸움에서 대막리지에 오른 남건은 군사들을 보내 남생을 밀어붙였습니다. 위기를 깨달은 남생은 분노를 삼키며 당나라로 투항해 버리고 말았습니다.

권력 다툼으로 얼룩진 고구려는 패망의 길로 접어들고 있었습니다. 연개소문의 아우였던 연정토마저 권력 다툼에 절망한 채, 12개성을 거느리고 신라에 투항했습니다.

"연개소문이 죽고 그 맏아들이 투항했으니, 이제 고구려의 운명도 다 하였구나!"

◯ 당나라 군사들의 의장대

✓ **안동 도호부**

고구려가 멸망한 뒤, 당나라가 고구려의 옛 땅에 설치했던 최고의 군정 기관입니다. 당나라에서 설인귀를 도호부사로 임명하여 고구려 부흥 운동을 저지하기 위해 기관을 설치했으나 신라가 이를 저지하자, 신라 문무왕 때 요동 지방으로 옮기고 안사의 난 이후로는 완전히 폐지됐습니다.

당나라 고종은 기쁨을 감추지 못했습니다. 고구려 공격의 기회를 엿보고 있던 당나라에게는 더 없이 좋은 기회였습니다.

668년(보장왕 27년), 남생을 길잡이로 앞세운 당나라는 평양성을 향해 거침없이 내려왔습니다. 당나라 수군은 대동강을 거슬러 올라왔고 문무왕이 이끄는 신라군도 평양성을 향해 진격해 들어왔습니다.

사방이 적들에게 포위된 고구려는 절망적이었습니다. 보장왕이 부랴부랴 평화 교섭을 시도했지만 이미 때가 늦은 뒤였습니다. 그해 9월, 나당 연합군의 총공격을 받은 고구려는 마침내 무너졌습니다. 동북아시아를 호령하며 7백 년의 역사를 이어 나가던 고구려가 지배층의 권력 다툼으로 어이없게 멸망한 것이었습니다.

보장왕이 백기를 들고 항복했지만 고구려인들의 저항은 멈추지 않았습니

◐ 매소성 전투 기록화. 매소성은 지금의 경기도 연천군 한탄강 주변이다.

다. 백제 부흥 운동에 혼쭐이 났던 당나라는 빼앗은 땅에 안동 도호부를 설치하고 고구려 유민들을 각지로 뿔뿔이 흩어 놓으며 고구려 부흥 운동을 막으려 날뛰었습니다. 더 나아가 당나라는 신라에 계림 도독부를 설치하고 한반도 전체를 집어삼키려는 야심을 드러냈습니다.

당나라의 야욕을 두고 볼 수 없었던 신라는 고구려 부흥 운동을 도와 당나라와 맞섰습니다. 고구려 부흥군을 조직한 고연무는 신라와 힘을 합쳐 당나라군을 거세게 밀어붙였고, 검모잠이 왕족이던 안승을 왕으로 추대하여 고구려 부활을 부르짖자, 당나라는 크게 당황했습니다.

○ 중앙탑. 통일 후 신라가 한반도 중앙 (현재의 충북 충주 지역)에 세운 탑

결국, 매소성과 기벌포 전투에서 고구려 부흥군과 신라군에게 크게 패한 당나라는 평양에 세운 안동 도호부를 요동 지역으로 물릴 수밖에 없었습니다. 이로써 신라는 원산만과 대동강을 잇는 한반도 남쪽 지역을 통일할 수 있었습니다. 그러나 고구려 부흥을 꿈꾸었던 안승이 신라로 망명하며 고구려 부활의 불씨도 꺼지고 말았습니다.

저기요, 선생님! 이런 게 궁금해요
한반도의 진정한 주인은 누구인가

아차산성 이름의 유래

아차산성은 사적 제234호로 지정된 곳이에요. 옛날 이곳은 전략적으로 무척 중요한 위치에 속했어요. 당시 삼국이 한강 유역을 차지하기 위해 치열하게 싸움을 벌였던 곳이었으니까요.
그런데 이름이 몹시 재미있지요? 아차! 혹시 아차산성의 이름이 감탄사에서 지어진 건 아닐까요? 전해지는 이야기에 의하면 고구려 임금이 '아차!' 하고 후회했던 사건 때문이래요. 당시 고구려에는 유명한 점쟁이가 있었어요. 어찌나 점을 잘 보는지 임금님의 귀에까지 들어갔어요. 임금님은 소문을 직접 확인해 보고 싶어서 점쟁이를 궁으로 불러들였어요. 그리고 상자 안에 생쥐 한 마리를 넣어 놓고는 점쟁이 앞에 내밀었지요. 상자 안에 든 쥐가 몇 마리인지 맞추게 하기 위해서였어요. "만약 맞추지 못하면 너를 살려 두지 않겠다." 왕은 이렇게 엄포를 놓았어요. 실력 없는 점쟁이가 괜히 백성들을 혼란스럽게 하는 것이 마땅치 않아서였지요. 점쟁이는 임금의 물음에 점을 치고는 곧 대답을 했어요. '일곱 마리'라고 말이지요. 임금은 몹시 화가 났어요. 임금은 약속대로 점쟁이를 그 자리에서 죽였어요. 그러다가 혹시 하는 마음에 쥐의 배를 갈라 보았어요. 그런데 이게 웬일일까요? 쥐가 새끼를 여섯 마리나 품고 있었어요. 임금은 자신도 모르게 '아차! 내가 실수를 했구나! 죄 없는 점쟁이를 죽이고 말았네.' 이때부터 그곳을 '아차산'이라고 불렀다는 얘기지요. 아차산성에는 이밖에도 여러 가지 전설이 함께 전해내려 와요. 아마 아차산성의 특이한 이름 탓은 아닐까싶어요.

김유신 장군 묘지석(왼쪽), 김유신 장군 묘(아래)

어떻게 물속에 무덤을 세웠나요?

◐ 감은사지 3층 석탑

문무왕은 김춘추와 문희 사이에서 태어난 큰 아들이에요. 이름은 김법민이고 고구려를 멸망시키고 삼국을 통일했지요. 문무왕의 유언은 조금 특이해요. 그는 불교식으로 자신을 화장하고, 그 유골을 동해에 묻어 달라고 했어요.

왜 흙도 아닌 물에 자신을 묻어달라고 했을까요? 문무왕은 '죽으면 동해의 용이 되어서 왜구의 침입을 막겠다'고 했거든요. 신라인들은 이런 문무왕의 뜻을 받들어서 그를 위해 수중 왕릉을 만들었어요. 문무왕의 수중 왕릉을 '대왕암'이라고 하는데, 바위를 이용해서 만들었어요. 바위 한 가운데가 깊숙이 파여 있고, 그 안에는 넓적한 거북 모양 돌이 얹혀 있지요. 이 아래로 문무왕의 유골이 있을 거라고 짐작이 돼요.

신기한 점은 대왕암은 언제나 물이 맑고, 물결이 잔잔했어요. 이건 다 인공 수로 때문이지요. 바위 안쪽에 동서남북으로 수로를 만들어서 바닷물이 동에서 서로 빠져 나갈 수 있게 만들었어요. 세계에서 수중 왕릉을 가진 나라는 우리나라뿐이에요.

문무왕의 아들인 신문왕은 아버지를 위해서 동해 근처에 감은사를 세우기도 했어요. 원래는 문무왕이 불법의 힘으로 왜구를 물리치기 위해 세우려던 절이지만, 공사가 끝나기 전에 눈을 감고 말았지요. 신문왕이 왕위를 물려받고 2년 정도가 지나서야 완성되었어요. 감은사 아래에는 동해를 향해서 구멍을 뚫어 놨는데, 이것은 동해를 지키던 아버지가 쉴 수 있도록 배려한 것이었어요.

◐ 이견대에서 바라본 수중 왕릉

신라, 천 년의 발자취

신라는 불교의 힘으로 나라의 기반을 굳건히 다지기 위해 노력합니다.
우리나라에서 가장 큰 종 에밀레종, 황룡사 9층 목탑, 불국사와 석굴암 등은
모두 이러한 신라인들의 염원을 담아 세워졌으며 우리 문화 수준을 높이는 계기가 되었습니다.

✅ **성덕 대왕 신종**

에밀레종이라고도 불리는 성덕 대왕 신종은 국보 제29호로 지정되어 있으며 우리나라에서 가장 큰 종으로 알려져 있습니다.

아이의 울음소리를 내는 종

신라의 35대 경덕왕 때였습니다. 경덕왕은 아버지인 성덕왕의 명복을 빌기 위해 커다란 종을 만들어 바치기로 결심했습니다. 그러나 경덕왕은 그 종이 다 완성되기도 전에 그만 세상을 떠나고 말았습니다. 그 뒤를 이은 혜공왕은 이 종을 완성하기 위해 온갖 노력을 기울였습니다.

우선 전국의 스님들을 방방곡곡에 보내 종을 만드는 데 필요한 쇠붙이를 모아 오게 하였습니다. 그리하여 몇 년 만

성덕 대왕 신종(왼쪽)과 종에 새겨진 문양들(아래)

에 약 12만 근(약 18톤이에요)에 달하는 쇳덩이가 모아졌습니다. 혜공왕은 좋은 날을 골라 이 쇠붙이를 녹였고, 그 녹인 쇳물로 커다란 종을 완성했습니다. 그리고 그 종을 봉덕사에 매달고 치게 했습니다. 그런데 이게 웬일일까요?

종을 쳤지만 소리가 나지 않았습니다. 아무리 힘껏 쳐 보았지만 종은 울리지 않았습니다.

게다가 종은 몇 번 치지도 않아 군데군데 갈라지고 금이 갔습니다.

"허허, 어찌 이런 일이 있단 말이냐! 여봐라, 다시 종을 만들도록 하라!"

혜공왕은 다시 종을 만들도록 시켰습니다.

하지만 두 번째로 만든 종도 마찬가지였습니다. 맑은 소리가 날 줄 알았던 종에서는 갈라진 소리만 울려나올 뿐이었습니다.

혜공왕은 신하들을 불러 놓고 물었습니다.

"대체 이게 무슨 변고란 말이오? 만드는 종마다 하나같이 소리를 내지 못하니, 혹시 정성이 부족했던 것 아니오?"

바로 그때, 한 스님이 나서서 대답했습니다.

"폐하, 아뢰옵기 황송하오나 어느 이름 모를 스님께서 제

✔ 또 하나의 에밀레종

현대에 와서 에밀레종을 그대로 만들려는 시도가 두 번이나 있었어요. 하나는 미국의 건국 200주년을 기념하기 위해 선물용으로 제작하였고, 또 다른 하나는 보신각종이 너무 낡고 오래되어 새롭게 만든 거예요. 두 가지 다 에밀레종과 똑같이 만들기 위해 과학자들까지 동원했지만 소리만큼은 흉내 낼 수가 없었어요. 에밀레종에 비하면 둔탁한 소리밖에 나지 않았지요.

꿈에 나타나 말씀하시기를, 종에서 맑은 소리가 나지 않는 것은 부정을 탔기 때문이니 어린아이를 시주하여야 한다고 하옵니다."

"부처님께 어린아이를 시주한다고?"

"그렇습니다. 어린아이를 데려다가 쇳물에 같이 녹여야만 한다고 하옵니다. 그것도 때묻지 않은 천진난만한 어린아이라야 한다고 하셨습니다."

"허허, 그게 무슨 말씀이오. 나는 이해할 수가 없구려. 대체 어느 부모가 아이를 시주한단 말이오?"

하긴 그랬습니다. 자신의 아이를 쇳물에 녹이라고 내놓을 부모는 아무도 없을 것이었습니다. 그때였습니다. 또 한 스님이 나서며 말했습니다.

"폐하, 소승이 얼마 전에 시주를 하러 다니다가 몹시 불경스러운 일을 당한 줄로 아옵니다."

"불경스러운 일이라니? 어서 말해 보시오."

"소승이 한 마을에 이르렀을 때입니다. 어느 초가집에 이르렀더니 한 여인이 있어 시주를 하라고 일렀습니다. 그랬더니 여인이 소승을 조롱하며 말했사옵니다. '우리 집에는 아무것도 시주할 것이 없어요. 제게는 어린아이밖에 없는데 이 아이라도 데리고 가시겠소?'

그리하여 저는 얼굴을 붉히고 돌아섰사옵니다.

그런데 가만히 생각해 보니 그 여인은 감히 부처님을 농락한 것이나 다름없다는 생각이 드옵니다. 아마 부정을 탔다면 그 때문이 아닌가 생각되옵니다."

그 말을 들은 왕과 신하들은 한결같이 고개를 끄덕였습니다.

그러자 혜공왕은 말했습니다.

"할 수 없소. 스님은 즉시 그 집으로 찾아가 아이를 시주하라 이르시오."

그리하여 스님은 다시 그 집을 찾아갔습니다.

그리고 여인에게 말했습니다.

"이보시오. 그대의 아이를 시주하셔야겠소."

"아니, 스님! 그게 무슨 말씀입니까?"

여인은 놀라서 되물었습니다.

그러나 스님은 임금의 명령을 받은 터라 한 번 더 다그쳐 말했습니다.

"허허, 일전에 아이밖에 시주할 것이 없다고 하질 않았소? 어서 아이를 내어 주시오."

"스님, 그건 제가 농담을 한 것입니다."

"허허, 이보시오. 어찌 부처님을 앞에 놓고 농담을 한단 말이오. 잔말 말고 어서 아이를 내놓으시오."

스님은 소리치며 여인이 안고 있던 아이를 빼앗았습니다.

"아앗, 안 돼요! 아이를 돌려주세요."

여인은 울며불며 매달렸습니다. 하지만 스님은 눈물을 머금고 아이를 내주지 않았습니다. 스님도 가슴 아프기는 마찬가지였지만 어쩔 수가 없다고 생각했습니다.

스님은 아이를 안고 종을 만드는 사람들에게 건네 주었습니다. 아이는 결국 끓는 쇳물과 함께 사라지고 말았습니다.

그 쇳물로 다시 커다란 종이 만들어졌습니다.

"으음, 이번에는 틀림없으렷다! 여봐라, 종을 치도록 하라!"

이윽고 신하들이 명령을 받아 종을 쳤습니다.

그런데 대체 이게 무슨 소리일까?

"에밀레! 에밀레!"

이제껏 들어 보지 못한 종소리가 신라 전역에 울려 퍼졌습니다. 정말로 맑고 웅장한 소리였습니다.

그러나 많은 사람들에게 그 소리는 마치, '어미 때문에~, 어미 때문에~' 하는 소리로 들렸습니다. 어린아이가 어머니를 원망하듯이 말입니다. 사람들은 종을 칠 때마다 아이의 영혼이 운다고 생각했습니다. 그래서 그 종을 에밀레종이라고 불렀습니다.

부처님의 뜻으로 지은 황룡사 9층 목탑

선덕 여왕이 신라를 다스리고 있던 636년(즉위 5년)의 일이었습니다. 신라의 자장 법사는 불교의 도를 터득하기 위해 당나라로 건너가 이름난 사찰과 산을 돌아다니고 있었습니다.

어느 날, 자장 법사가 중국의 오대산에 갔을 때였습니다. 산속을 헤매고 있는데, 느닷없이 한 노인이 나타나 길을 막았습니다. 그러고는 자장 법사에게 물었습니다.

"법사는 이곳까지 무엇 하러 왔소?"

신라의 왕실과 불교

신라가 불교를 공식적으로 받아들인 것은 법흥왕 때입니다. 이때 '법흥'이라는 이름은 불법을 일으킨다는 뜻이며, 즉 신라 왕실은 불교를 받아들여 새로운 지배 이념으로 삼아 왕권을 강화하고자 했습니다. 훗날 진흥왕은 스스로 '전륜성왕'임을 자처하며 불교를 널리 퍼트리려고 애썼어요. 이때 '전륜성왕'은 불법(부처님의 법)을 정치적으로 실현하고자 하는 위대한 정치가'를 뜻합니다. 이렇게 신라 왕실은 불교의 수용과 전파에 적극적이었는데, 훗날 진평왕의 부인 마야 부인의 이름도 석가모니의 부모의 이름에서 따온 것이랍니다.

◎ 자장 법사

자장 법사는 깜짝 놀라서 얼른 대답하지 못했습니다. 자장 법사가 노인의 생김새를 자세히 살펴보니 보통 사람은 아닌 것 같았습니다. 자장 법사는 잠시 숨을 고른 뒤에 대답했습니다.

"나라(신라)가 어려워 그 구할 방법을 찾고자 여기까지 왔습니다."

"흠……. 그대의 나라는 무엇이 그리도 어렵단 말이오?"

"안타깝게도 우리나라의 북쪽에는 말갈과 고구려가 있고 남쪽에는 왜나라, 서쪽에는 백제가 있사온데, 이 나라들이 틈만 나면 쳐들어와 괴롭히고 있습니다."

"허허허! 듣고 보니 알 만하오. 그런데 그것은 그대의 나라 임금이 여자이기 때문이오. 여왕은 덕은 있으되 위엄이 없소. 그래서 얕보고 자주 노략질하는 것이니, 어서 그대의 나라로 돌아가시오. 그것이 법사가 할 일이오."

웬 얼토당토 않은 소리일까? 자장 법사로서는 이해할 수 없는 말이었습니다. 다른 나라의 침략을 막을 방법을 부처님의 힘으로 찾고자 여기까지 왔거늘 어찌 돌아가라는 것인지 법사는 알 수 없었습니다.

그래서 자장 법사는 노인에게 되묻지 않을 수 없었습니다.

"제가 본국으로 돌아가 무엇을 해야 옳겠습니까?"

"그대의 나라를 지켜 주는 용이 한 마리 있소. 그 용은 나의 맏아들이오. 명령을 받들어 신라를 지키고 있는 것이니 그대는 돌아가 그 용을 위해 황룡사에 9층탑을 지으시오. 그런 뒤 팔관회(불교 행사 중 하나예요)를 열고 죄인들을 풀어 주면 용이 은혜에 감탄하여 더욱 굳건히 신라를 지켜 줄 것이오."

그리고 노인은 자장 법사에게 구슬을 하나 남기고 흔적도 없이 사라졌습니다.

'아아, 보통 사람이 아니로다.'

비로소 자장 법사는 노인이 아주 특별한 사람임을 알아차리고 즉시 신라로 돌아왔습니다. 그런 뒤 선덕 여왕에게 건의하여 황룡사에 9층 목탑을 짓자고 권했습니다.

선덕 여왕은 곧 모든 신하들을 불러 의논했습니다.

"우선 탑을 쌓는 일의 책임은 김용춘(김춘추의 아버지예요) 대감이 맡으시오. 목수는 백제에서 청해 올 것이오."

선덕 여왕 생각에 건축은 아무

래도 신라보다는 백제가 뛰어나니 백제의 목수를 데려오는 것이 낫겠다고 생각했습니다.

이윽고 백제의 목수 아비지가 신라로 초청되었습니다. 아비지는 과연 훌륭한 목수였습니다. 아무리 흉한 나무라도 그의 손을 거치면 곱고 아름다운 모습으로 바뀌었습니다.

그러던 어느 날이었습니다. 하루 종일 쉬지 않고 일하던 아비지가 문득 세우려던 찰주(탑의 꼭대기에 꽂혀 있는 긴 꼬챙이를 말하는데 보통 쇠로 만들어져요)를 한쪽으로 밀어 놓고 주저앉았습니다.

"이보시오, 왜 갑자기 일을 멈추시오?"

옆의 사람이 은근히 물었습니다. 그러자 아비지는 걱정스러운 표정으로 대답했습니다.

◐ 선덕 여왕 무렵에는 밖으로는 백제의 끝없는 침략이, 안으로는 귀족들의 반란이 일어나 불안했다. 여왕은 민심을 수습코자 불교에 힘을 기울여 통도사(왼쪽)와 황룡사(터. 가운데), 황룡사 9층 목탑(오른쪽 모형)을 세웠다.

"간밤에 꿈을 꾸었는데, 백제가 멸망하는 꿈을 꾸었소. 그러니 어찌 일손이 잡히겠소."

바로 그때였습니다. 느닷없이 하늘이 어두워지며 천둥소리가 요란하게 울려 퍼졌습니다. 그러고는 황룡사의 법당 문이 요란하게 열렸습니다. 더욱 이상한 일은 법당 문이 열리면서 나이가 지긋한 스님이 천천히 걸어 나오더니 아비지가 내팽개쳐 버린 찰주를 세워 놓고 다시 법당 안으로 들어가는 것이었습니다. 그런 뒤에야 하늘이 다시 밝아지고 천둥이 그쳤습니다.

순간 아비지는 깨달았습니다.

"아아, 이것은 부처님의 뜻이로다!"

아비지는 다시 9층탑을 만드는 일에 힘을 쏟았습니다.

그렇게 하여 황룡사의 9층 목탑은 일을 시작한 지 3년 만에 완성되었습니다.

> **불국사**
>
> 신라 법흥왕 15년에 창건되었고 경덕왕 10년에 김대성이 다시 지었습니다. 석굴암과 함께 신라 불교 예술의 귀중한 유적으로 1996년 유네스코 세계문화유산으로 지정되었습니다.

환생한 아이가 지은 불국사와 석굴암

신라 신문왕 때의 일이었습니다. 경주 모량리라는 마을에 남편을 잃고 혼자서 사는 한 여인이 있었는데, 사람들은 그 여인을 '경조 부인'이라 불렀습니다. 이 부인에게는 김대성이라는 외아들이 있었습니다. 머리가 크고 이마가 넓어 마치 성처럼 생겼다 하여 지어진 이름이었습니다.

김대성의 집은 너무나 가난하여, 그의 나이가 열 살이 되자 이웃 마을 부잣집에 가서 머슴으로 일하기 시작했습니다.

김대성은 열심히 일했습니다. 남들보다 나무를 해도 한 짐을 더 했고 힘든 일을 할 때도 결코 게으름을 피우지 않았습니다.

그렇게 열심히 일했기 때문에 부잣집 주인은 김대성에게

◐ 불국사

작은 초가집과 밭을 내주며 농사를 지어 보라고 했습니다. 자기의 집과 밭을 갖게 된 김대성은 더욱 열심히 일했습니다. 그러던 어느 날이었습니다.

점개라는 스님이 그 부잣집의 문을 두드렸습니다.

"주인 어른, 절에 시주를 하십시오. 만약 어른께서 한 가지의 시주를 하시면 그 만 배의 복을 받을 것입니다."

그러자 주인은 스님에게 옷감 50필을 내주었습니다. 이 광경을 지켜보던 김대성은 재빨리 어머니에게로 달려갔습니다.

"어머니, 시주를 하면 만 배의 복을 받는다고 합니다. 우리가 아마 시주한 것이 없어서 가난하게 사나 봅니다. 그러니 우리도 시주를 해야겠어요."

김대성의 어머니도 대성의 말이 옳다고 생각하여 가지고 있던 재산을 모두 스님에게 시주하였습니다. 김대성은 이

김대성의 꿈

김대성이 불국사와 석굴암을 짓게 된 것은 한 마리의 곰 때문이라고 합니다.

어느 날 김대성은 사냥을 나가 곰을 잡았습니다. 그날 밤 꿈에 죽은 곰이 귀신으로 변하여 자기를 죽인 것을 원망하며 대성을 잡아먹겠다고 위협했지요. 이에 김대성은 용서를 청하고, 곰은 용서하는 대신 절을 지어 달라 부탁합니다. 잠에서 깨어난 김대성은 토함산 정상에 웅수사를 지어 곰을 기렸습니다. 그리고 함께 부모의 은혜를 기리고자 현세의 부모를 위해 불국사를, 전세의 부모를 위해 석굴암을 세웠다고 합니다.

◐ 불국사의 청운교와 백운교를 정면에서 본 모습

제 앞으로는 복을 많이 받아 잘 살 게 될 것이라고 생각했습니다.

하지만 이게 무슨 날벼락일까요? 복을 받아 잘 살게 될 줄 알았던 김대성은 시름시름 앓기 시작했습니다. 그리고 며칠이 지난 어느 날 밤, 세상을 떠나고 말았습니다. 김대성의 어머니는 너무나 어이가 없어 한동안 아들의 시신을 끌어안고 울기만 했습니다.

그런데 바로 그 날, 이웃 마을의 김문량이라는 재상의 집에서는 알 수 없는 일이 벌어지고 있었습니다. 김문량이 툇마루에 나와 선선한 바람을 쐬고 있는데, 갑자기 하늘에서 이상한 목소리가 들려왔습니다.

"김문량은 잘 듣거라. 곧 모량리에 살던 김대성이라는 아이가 너희 집에 다시 태어날 것이니라."

참으로 신기한 일이 아닐 수 없었습니다.

김문량은 하인을 시켜 모량리에 김대성이란 아이가 있는지 알아보라고 일렀습니다. 얼마 후 하인이 다녀와서 말하였습니다.

"재상 어른, 모량리에 김대성이라는 아이가 있긴 있사온

✓ **김문량**

통일 신라 신문왕 때의 재상입니다. 불국사를 세운 김대성의 아버지로 중시(집사부에 속하여 나라의 기밀을 맡아보던 으뜸 벼슬)를 지냈습니다.

데 바로 오늘 새벽에 죽었다고 하옵니다."

김문량은 참으로 이상한 일이라 생각했습니다.

그러나 더욱이 알 수 없는 일은 그로부터 열 달 뒤에 일어났습니다. 뜻밖에도 김문량의 아내가 잘생긴 아들을 낳았는데 막 태어난 아이가 주먹을 쥐고는 도저히 펴지를 않는 것이었습니다.

아무리 힘을 주어 주먹을 펴려 해도 소용이 없었습니다. 의원을 불러 주먹을 펴 보게 했지만 마찬가지였습니다. 그러던 아이는 놀랍게도 사흘만에 스스로 주먹을 폈습니다.

아이의 주먹 안에는 조그만 금덩어리가 들려 있는 것이었습니다.

"저, 저게 무엇이냐?"

김문량은 너무나 놀라 얼른 금덩이를 살펴보았습니다. 그

○ 석굴암 내부와 본존불 모형. 본존불 주위에는 아래와 같은 12지신상이 새겨져 있다.

○ 석굴암 본존불 주위에 있는 12지신상 중 일부. 왼쪽부터 증장천, 라후라, 문수보살, 광목천, 금강역사

○ 석가탑 상륜부 확대 사진

금덩어리에는 사람의 이름이 써 있었습니다. 바로 '김대성'이라는 이름이었습니다. 나이가 들면서 김대성은 이러한 사실을 아버지를 통해 듣게 되었습니다. 그리고 자신이 시주를 한 덕에 부잣집에 다시 태어났다고 믿었습니다.

'지금 나를 길러 주신 부모도 부모요, 전생에서 나를 길러 주신 부모도 부모이다. 내가 이 두 부모에게 효도하지 못하면 사람이 아니리라.'

김대성은 지금 자신을 길러 준 부모를 위해서 절을 짓기로 했습니다. 바로 불국사였습니다.

물론 김대성은 전생의 부모도 잊지 않았습니다. 김대성은 전생의 홀어머니를 위해서 또 무언가를 지어 효도해야 한다고 생각했습니다. 그리하여 만든 것이 바로 석굴암이었습니다.

✓ 다보탑과 석가탑

다보탑은 다보여래의 사리를 모신 탑, 석가탑은 석가모니의 치아, 머리털, 사리 등을 모신 탑으로 알려져 있습니다.
절 안에 두 탑은 동서쪽에서 서로 마주 보고 서 있는데 이렇게 두 탑이 같은 위치에 세워진 이유는 과거의 부처인 다보여래가 현재의 부처인 석가모니의 옆에서 석가모니의 설법이 옳다고 했던 내용을 표현해 놓은 것이라고 합니다.

그림자가 있는 탑과 그림자가 없는 탑

오랜 옛날, 백제의 서울 사비성에는 아사달이라는 이름난 석공이 살고 있었습니다.

어느 날 아사달은 불국사의 3층 석탑을 만들기 위해 신라로 떠나야 했습니다. 그러자 아사달과 혼인한 지 얼마 되지 않은 아내, 아사녀는 혼자 백제에 남아야 했습니다.

아사녀는 외롭고 슬펐지만 아사달이 돌아올 때까지 기다릴 수밖에 없었습니다.

한편 서라벌에 도착한 아사달은 무릎을 꿇고 간절히 기도했습니다.

"부디 훌륭한 탑을 만들게 해 주십시오."

그리고 아사달은 온 힘을 기울여 탑 쌓는 일에 열중했습니다. 사랑하는 아내 아사녀가 보고 싶었지만 꾹 참았습니다. 그 어떤 탑보다 아름다운 탑을 만들어 보여 주겠다며 굳게 다짐했습니다.

시간이 흘러 하루 이틀이 지나고 금방 1년이 지났습니다. 그리고 어느덧 3년의 시간이 훌쩍 흘러갔습니다.

아사달이 만들기 시작한 탑은 점차로 아름다운 모습을 드러내기 시작했습니다.

바로 그 무렵이었습니다. 고향에 남아 있던 아사녀는 남편 아사달이 너무나 보고 싶었습니다. 이윽고 아사녀는 더 이상 참지 못하고 신라로 향했습니다.

◐ 간결하면서도 힘이 넘치는 석가탑

◐ 여성의 섬세한 아름다움에 비유되는 다보탑

하지만 서라벌에 다다른 아사녀는 아사달을 만날 수가 없었습니다.

"부인, 지금은 아사달님을 만날 수가 없사옵니다. 혹시라도 탑을 쌓는 일에 부정이 탈 수도 있기 때문이지요. 탑을 쌓는 동안 아무도 아사달님을 만나게 해 드릴 수가 없으니 기다리셔야 합니다. 아사달님이 탑을 다 완성하면 그 그림자가 영지(불국사 앞에 있던 연못이에요)에 비출 것이니 그때까지만 기다리시지요."

아사녀는 하는 수 없이 영지로 달려가 기다렸습니다. 그리고 매일 밤낮으로 연못을 바라보며 지냈습니다. 이제나저제나 탑의 모습이 영지에 비칠 때를 기다리고 또 기다렸습니다.

그러던 어느 날이었습니다. 달이 밝게 떠 영지를 내리 비추고 있었습니다. 그때 영지를 바라 보던 아사녀는 깜짝 놀라고 말했습니다.

달이 비추는 그 맑은 연못에 탑의 그림자가 보였던 것입니다.

그것은 지금껏 한 번도 본 적이 없는 아름다운 모습이었습니다.

"오오, 아사달님. 기어이 탑을 완성하셨군요."

아사녀는 너무나 기쁘고 반가웠습니다.

그래서 아사달이 만든 그 탑을 만져 보고 싶은 생각이 들었습니다. 이내 아사녀는 탑을 향해 몸을 기울이며 손을 뻗었습니다.

그 순간이었습니다. 중심을 잃은 아사녀가 연못에 '풍덩' 빠지고 말았습니다.

"아악!"

아사녀는 깊은 연못에 빠져 헤어 나오지 못했습니다.

그로부터 얼마 뒤, 아사달은 비로소 아내 아사녀가 와 있다는 사실을 알게 되었습니다. 아사달은 즉시 연못으로 달려갔습니다. 그러나 아사녀는 이미 이 세상 사람이 아니었습니다.

"아아, 사랑하는 아사녀! 그대가 나 때문에 죽었구려. 탑을 만들긴 했으나 당신을 지키지 못했구려. 내가 혼자 살아서 무엇 하겠소."

아사달은 탄식하며 아사녀가 뛰어들었던 그 연못에 몸을 던졌습니다.

그 뒤, 사람들은 영지에 그림자를 남겨 아사녀가 만져 보고자 했던 탑을 유영탑이라 불렀고, 공사하는 동안 그림자가 비치지 않았던 탑을 무영탑이라 불렀습니다.

유영탑은 바로 다보탑을 말하는 이름이었고, 무영탑은 석가탑을 말하는 이름이었습니다.

저기요, 선생님! 이런 게 궁금해요

신라, 천 년의 발자취

석굴암의 비밀

하나. 석굴암 본존불이 왜구의 침입을 막는다고요?

🔅 석굴암 본존불

신라 35대 경덕왕 때에 김대성이라는 사람이 석굴암을 만들었어요. 그 시대 대표적인 문화유산인 석굴암을 통해 우리는 신라의 예술 수준은 물론이고 불교에 대한 믿음까지 확인할 수 있어요. 석굴암에는 조국의 수호를 위한 염원도 담겨 있어요.

석굴암은 토함산에 건립되었는데, 그곳은 왜구의 침입을 막을 수 있는 첫 번째 관문에 속했어요. 그래서 신라인들은 석굴암 내부에 있는 본존불이 동짓날 해가 뜨는 방향을 바라보면서 자비로운 시선으로 나라를 지켜줄 것이라고 믿었지요.

둘. 석굴암은 왜 유리벽 안에 있나요?

세계 문화유산으로 지정된 석굴암은 습도 조절을 위해 유리벽을 설치했어요. 일본이 우리나라를 점령했던 시기에 보수 공사를 잘못 하는 바람에 습도 조절이 되지 않기 때문이에요. 최초의 석굴암은 이런 인위적인 장치 없이도 습도 조절을 할 수 있게끔 만들어져 있었어요. 본존불을 둘러싸고 흐르는 샘물과 흙이 자연스럽게 적정한 습도를 유지하게 했지요.

뿐만 아니라 석굴암은 예술적으로도 뛰어난 아름다움을 보여 줘요. 그래서 세계 문화유산으로 지정되어 있지요. 석굴암 내부 한가운데에는 본존불이 앉아 있고, 그 주변에는 수많은 조각상들이 둘러져 있어요. 꼭 살아서 움직일 것 같지요. 석굴암은 훼손이 심해 1960년대에 복원 작업을 했답니다.

신라는 황금의 나라?

왕의 모습을 상상할 때 빠지지 않고 떠오르는 게 있어요. 바로 왕관이지요. 그만큼 왕을 상징할 수 있는 대표적인 물건이랍니다. 우리나라에도 멋진 왕관이 있어요. 왕관을 통해 왕의 권위는 물론이고 부유함까지 짐작해 볼 수 있어요.

우리나라 왕관 가운데 가장 화려하다고 여겨지는 것은 신라 시대의 금관이에요. 금으로 왕관을 만든 것은 신라가 처음이지요.

처음으로 금관이 발견된 것은 1912년 경주의 한 고분에서였어요. 어느 왕의 무덤인지 알 수 없어 금관총이라고 부르지요. 금관이 나온 무덤이라는 뜻이에요.

신라 시대 금관은 무척 화려해요. 나무 모양을 본뜬 금관의 형상을 통해 우리는 신라가 나무를 중요하게 여겼다는 것을 알 수 있어요. 지금도 신라의 전통을 이어 당산나무 앞에서 기도나 제사를 올리는 동네가 있어요.

금으로 왕관을 만들었다는 자체만으로도 충분히 화려하겠지만, 신라인들은 이 금관에 화려한 장식까지 더했어요. 금관에는 사슴이나, 새 같은 장식물로 꾸며져 있지요. 또 금관 표면에는 비취색 곡옥(반달 모양으로 다듬은 옥이에요)이 달려 있어요. 곡옥은 자손 번창을 바라는 마음에 달았을 거라고 추측해요. 새 모양 장식은 금관을 쓴 왕이 백성들을 다스릴 만한 지혜를 지닌 지도자라는 것을 뜻해요.

신라가 이렇게 다양한 장식으로 관을 만들 수 있었던 것은 뛰어난 세공 기술을 가지고 있었기 때문이에요. 우리는 금관을 통해 신라인들의 뛰어난 예술 감각을 엿볼 수 있어요.

◯ 신라의 금관

◐ 팔찌

◐ 금제 굽다리 접시. 금 세공 기술이 뛰어났던 신라는 이와 같은 금술잔도 만들어 썼다.(보물 626호)

첨성대에서는 무엇을 했나요?

경주에 있는 첨성대는 동양에서 발견되는 천문대 가운데 가장 오래된 것이에요. 선덕 여왕 16년(647년)에 만들어진 것으로 천체의 움직임을 관측할 수 있어요. 당시에는 농사가 아주 중요했기 때문에 하늘의 움직임을 아는 것 또한 중요한 일이었지요. 첨성대는 백제의 아비지라는 기술자가 세운 것이라고 전해져요. 탑처럼 생긴 첨성대가 어떻게 천체를 관측할 수 있었는지 궁금하다고요? 자, 첨성대를 꼼꼼하게 살펴봐요. 먼저 첨성대의 높이는 9.1m예요. 밑의 지름은 4.93m이지요. 첨성대 가운데에는 네모진 창이 있는데요, 이 창을 통해서 첨성대 내부로 들어갈 수 있어요. 이 네모진 창을 기준으로 해서 위와 아래로 12단의 벽돌이 쌓여 있지요. 이것은 12달과 12시간을 의미하는 것이랍니다. 또 위와 아래를 합치면 24단이 되는데 이는 24절기를 의미해요.

그리고 첨성대 아래부터 맨 위 정자석까지 합친 28단은 별자리를 의미해요. 맨 밑에 깔린 기단석까지 합하면 29단으로 이것은 29일을 뜻해요. 음력으로 하면 한 달이 29일이 되거든요.

◐ 첨성대

포석정의 쓰임새를 알려 주세요

신라 헌강왕 때의 기록을 보면 돌로 만들어진 수로 '포석정'이라는 것이 나와요. 언제 만들었는지는 정확하지 않아요. 수로를 만들어서 무얼 했냐고요? 수로에 술잔을 띄우면서 시를 읊으며 풍류를 즐길 때 사용했어요. 시를 짓다가 시가 막히면 벌로 술잔을 비워야 했어요. 무척 낭만적이지요? 그런데 포석정은 신라의 경애왕이 죽음을 맞이한 곳이기도 해요. 이곳에서 술과 고기를 먹으며 잔치를 벌이다가 백제군이 들이닥치는 것도 알아차리지 못했다고 하지요. 결국 경애왕은 견훤에 의해 비극적인 최후를 맞이하였어요. 그래서 사람들은 포석정을 보고 신라의 멸망을 떠올리기도 해요.

이웃 나라인 중국과 일본에도 이런 수로가 있어요. 하지만 포석정은 이들과는 조금 달라요. 보통 수로는 술잔이 흐르는 물을 따라서 쭉 움직여요. 포석정의 경우에는 흐르던 술잔이 한 자리에 멈춰서 빙글빙글 맴돈다는 것이 특징이에요. 우연으로 생긴 일이냐고요? 아니에요. 과학적인 지식을 통해 그렇게 만든 것이지요.

또 일부 연구자들에 따르면 이곳이 왕과 귀족들이 술을 마시기 위해 만든 곳이 아니라 하늘에 제사를 지내던 성스러운 장소라는 주장도 있답니다.

◐ 포석정

바다의 주인 장보고

당나라로 넘어와 무예를 쌓던 장보고는 억울하게 납치되어
고생하는 신라인들을 보고, 신라로 돌아옵니다. 장보고는 왕의 허락을 받아
청해진을 설치하고 무역 상인들을 보호하며 신라를 동아시아의 중심 무역 국가로 만듭니다.

궁복(장보고의 원래 이름이에요)은 가난한 어부의 아들로 섬에서 태어났습니다.

궁복은 늘 바다를 보면서 자랐기 때문에 바다 멀리 떠나 보고 싶은 생각이 간절했습니다. 특히 당나라의 무역선이 오고 갈 때마다 '저 배는 어디로 가는 것일까?' 궁금해 하며 한없이 바다를 바라보았습니다.

그러던 어느 날, 궁복은 함께 자란 친구 정년에게 말했습니다.

정년은 궁복보다 두 살 아래였습니다.

"이보게, 우리 함께 저 바다로 나가 보지 않겠나? 당나라로 가서 멋진 일을 해 보잔 말이야."

모험심이 많은 궁복의 말에 정년도 맞장구를 쳤습니다.

그로부터 며칠 뒤, 궁복과 정년은 밤이 깊어지기를 기다리고 있다가 당나라로 떠나는 배에 몰래 올라탔습니다.

두 사람이 탄 배는 흘러흘러 당나라에 이르렀습니다.

곧 장보고와 정년은 한 노인 무사가 사는 집의 심부름꾼으로 들어갔습니다.

그곳에서 두 사람은 여러 가지 일을 거들며 노인에게 무술을 배웠습니다.

궁복과 정년의 무술 솜씨는 날이 갈수록 좋아졌습니다. 몇 년이 지났을 때에는 무술 대회까지 나가게 되었고, 궁복은 그 솜씨를 인정받아 무령군 소장이라는 벼슬까지 하게 되었습니다. 이때 궁복은 이름을 장보고라 바꾸었습니다.

그러던 어느 날이었습니다. 장보고는 업무를 보기 위해 이리저리 돌아다니다가 신라방(당나라에서 신라인들이 모여 사는 곳을 말해요)을 가게 되었습니다. 그곳에서 장보고는 수많은 소년들이 노예로 팔려 가는 모습을 보았습니다. 그런데 그 소년들은 다름아닌 신라의 아이들이었습니다.

그때 신라의 바닷가에는 당나라와 일본의 해적이 들끓고 있었습니다. 해적들은 툭하면 신라의 해안 지방에 상륙해 마을을 불사르거나 사람들을 잡아다가 상인들에게 노예로 팔았습니다.

어떤 때에는 장사를 위해 떠다니는 배를 습격해 물건을 빼앗기도 했습니다.

장보고는 그런 사실을 알고 몹시 안타까워했습니다.

'아아! 내 조국의 아이들이 강제로 팔려 와 고통을 당하다니……. 내가 여기서 이러고 있을 게 아니로다.'

그렇게 생각한 장보고는 하루 빨리 신라로 돌아가기로 마음먹었습니다.

결국 장보고는 신라를 떠난 지 20년 만에 다시 신라로 돌아왔습니다. 그리고 그 길로 궁궐로 향했습니다.

이때 신라는 흥덕왕이 다스리고 있었습니다.

"폐하, 오랫동안 당나라에 가서 보았사온데, 당나라에 노비로 팔려 온 신라 사람들이 많았습니다. 이는 당나라의 해적들이 바다에 나타나 우리 배를 약탈하고 사람들을 잡아갔기 때문이옵니다. 당장이라도 해적들을 소탕하지 않으면 장차 더 많은 신라 사람들이 잡혀 노예로 팔려 갈 것이옵니다. 이를 막기 위해서 청해(지금의 완도 지역이에요)에 진(당시로는 군사 기지 및 무역 통제소와 같은 역할을 하는 곳이에요)을 설치하여 우리 신라 사람들을 해적들로부터 보호해야 하옵니다. 폐하께서 제게 군사를 조금이라도 내주신다면 소신이 맡아서 하겠나이다."

이때가 828년(흥덕왕 3년)이었습니다.

흥덕왕은 장보고의 말에 귀가 솔깃했습니다. 이미 오래전부터 바다에 해적이 들끓고 있다는 소리를 들었기 때문이었습니다.

"좋소. 그대에게 군사 1만 명을 내주겠소. 또한 그대를 청해진 대사에 임명할 것이니 군사를 잘 훈련시켜 나라가 평안케 하시오."

곧 장보고는 군사 1만 명을 이끌고 청해로 향했습니다. 그곳에서 장보고는 성을 쌓고 배가 드나들 수 있도록 항만 시설을 갖추었습니다. 그리고 그곳을 청해진이라 이름 붙였습니다.

◐ 장보고

장보고가 가장 먼저 한 일은 군사들을 훈련시키고 군선을 만드는 일이었습니다.

"우리는 바다 위에서 해적과 싸워 신라 사람들을 보호해야 한다. 그러기 위해서는 무엇보다 군선이 튼튼해야 할 것이니라."

장보고는 직접 나서서 군선을 만드는 일을 지휘했습니다. 그뿐만 아니라 병사들의 훈련도 도맡아 했습니다.

◐ 장보고가 중국 산둥성에 세웠다는 법화원의 장보고 동상

신라명신

훗날 장보고는 일본에서도 신격화되어 '신라명신'이라 불리며 신당에 모셔지곤 했습니다. 위 사진은 일본의 한 절의 선신당에 모셔진 '신라명신'의 그림입니다.

이 무렵, 장보고와 함께 당나라로 갔던 정년이 돌아왔습니다.

장보고는 정년에게 군사 훈련의 일을 맡겼습니다.

일 년 뒤, 튼튼한 군선 수십 척이 만들어졌고 군사들도 훈련을 받아 정예 병사가 되었습니다.

장보고는 여러 척의 배를 이끌고 바다로 나갔습니다. 그리고 해적들이 다니는 곳곳을 막고 싸움을 벌였습니다.

"군사들은 들어라! 섬 뒤편에 배를 숨기고 기다렸다가 일제히 공격하라!"

"적을 소용돌이치는 곳으로 유인해 격파하라!"

장보고는 가는 곳곳마다 승리를 거두었습니다.

장사를 위해 떠나는 신라의 배를 보호하여 당나라 근처까지 데려다 주기도 했습니다. 물론 신라로 오는 당나라의 무역선도 보호해 주었습니다.

이제 해적은 장보고를 피해 다녔습니다.

어느 마을에 나타났다가도, "장보고의 군대가 나타났다!"는 소리만 들리면 꽁지가 빠져라 하고 도망갔습니다. 그 덕분에 남해와 서해 바다는 평화로워졌습니다. 더 이상

억울하게 납치되는 사람도 없었습니다.

그러던 어느 날, 왕권 다툼에서 밀려난 왕족 김우징이 장보고를 찾아왔습니다.

그는 장보고의 딸을 자신의 며느리로 맞이하겠노라고 말했습니다. 혹시라도 김우징과 그의 아들이 왕이 되다면 장보고의 딸은 왕비가 되는 셈이었습니다.

하지만 3년 후(839년), 장보고의 도움으로 왕이 된 김우징(신무왕)이 7개월 만에 세상을 떠나고 그의 아들 경응(문성왕)이 왕위에 올랐지만, 장보고의 딸은 왕비가 되지 못했습니다. 출신이 미천하다는 신하들의 반대 때문이었습니다.

이에 장보고는 울분을 토하며 복수를 결심했지만, 오히려 왕실에서 보낸 자객 염장에 의해 살해되고 말았습니다(846년, 문성왕 8년).

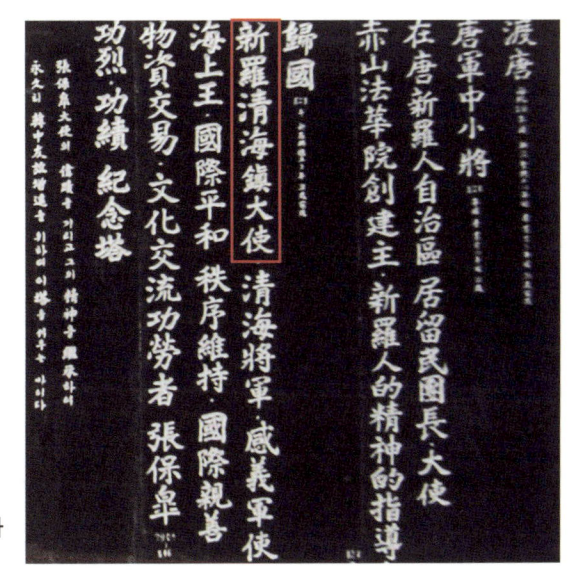

◐ 중국 적산 법화원. 적산원에 있는 장보고 기념탑의 공적비 일부. 내용 중에 '신라청해진대사'라는 글씨가 보인다.

선생님과 역사 읽기 ••• 숫자와 동물의 의미

숫자에도 따뜻한 것과 차가운 것이 있다고요?

우리 민족은 사물을 볼 때 음과 양으로 나누어서 보았어요. 크고 따뜻한 것을 양으로 여겼고, 작고 차가운 것을 음으로 생각했어요. 숫자 역시 음과 양을 의미하는 숫자가 있었어요. 홀수는 양, 짝수는 음으로 생각했지요. 우리 조상들이 좋아하는 숫자는 홀수였을까요? 짝수였을까요? 정답은 홀수예요. 양의 기운을 듬뿍 가지고 있는 홀수를 좋은 숫자로 생각하고 주로 사용했어요. 날짜도 이왕이면 양수가 겹친 1월 1일, 3월 3일, 5월 5일, 7월 7일 같은 날짜를 좋다고 여겼어요. 양의 기운이 꽉 찬 날은 생명 역시 가득 찬 날로 여겼기 때문이지요. 이런 숫자에 대한 선호는 날짜에만 있지 않았어요. 집을 지을 때 3칸, 5칸, 7칸으로 지었고요. 밥상을 차릴 때도 3첩, 5첩, 7첩, 9첩으로 차렸지요. 정말 재밌지요? 우리 삶을 잘 들여다보면 이렇게 숫자와 관련된 것들이 많이 있어요. 한번 찾아보세요.

숫자들의 의미

▶3 (삼, 三)

가장 좋아하는 숫자를 물을 때, 보통 7을 이야기해요. 행운을 가져다 준다는 믿음 때문이지요. 그런데 우리 조상들은 7보다 3이라는 숫자를 좋아하고 많이 사용했어요. 3은 동양은 물론이고 서양에서도 최고, 신성, 종합성, 완성 등의 의미로 사용하거든요.

조상들의 3에 대한 애정은 우리 생활 속에서도 찾아볼 수 있어요. 굿상에 음식을 올릴 때는 물 세 잔, 밥 세 그릇, 무나물 세 그릇을 올리지요. 또 삼강오륜, 삼배, 삼황, 삼도, 삼색실, 삼일장 등의 용어도 그렇고, 고수레를 세 번 하는 풍습도 있어요.

단군 신화에도 '환웅은 환인이 내려 준 천부인 세 개를 받고, 3천 명의 무리를 이끌고 세상에 내려왔다.'는 말도 나와요.

▶4 (사, 四)

숫자 3이 좋은 수로 여겨진 반면에 숫자 4는 죽음의 수로 여겨져서 사람들이 사용하는 것을 꺼려했어요. 하지만 4가 꼭 죽음을 의미하는 것은 아니었어요. 동서남북의 4방위와 4주, 사해, 사군자, 문방사우, 사계절 등에서 볼 수 있는 숫자 4는 '나'를 중심으로 한 네 기둥의 의미였어요. 즉 중심이 잡혀서 안전한 상태를 숫자 4로 표현한 거랍니다.

▶5 (오, 五)

우리 조상들은 천지가 음과 양의 두 기운으로 이루어져 있고, 이 기운이 다섯 가지 원소인 '목(木)·화(火)·토(土)·금(金)·수(水)'를 만들어 낸다고 생각했어요. 이것이 바로 음양오행 사상이에요. 세상은 바로 음양오행이 조화를 이루면서 갖추어진다고 여겼지요.

음양오행에 상응하는 색도 다섯 가지예요. 흰색·황색·적색·청색·흑색의 5색이지요. 짠맛·단맛·신맛·쓴맛·매운맛의 다섯 가지 맛, 눈·귀·코·혀·피부의 5관, 인·의·예·지·신의 5상 등 오행 사상에 맞게 5가 많이 쓰였어요.

사군자 중의 하나인 대나무

▶9 (구, 九)

숫자 3이 길한 숫자로 쓰였다는 것 얘기했지요? 9는 숫자 3을 제곱한 값이에요. 그래서 양의 기운이 꽉 찬 상태를 의미하지요. 9는 완성, 성취, 높음, 많음 등의 의미로 쓰여요. 9를 사용한 예로는 구사일생, 구중, 구곡간장, 구미호, 구중궁궐, 구천 등이 있어요.

사천왕 중 하나인 북방다문천왕

▶10 (십, 十)

10은 우리말로 '순'이라고 해요. 칠순 잔치와 팔순 잔치에 들어가는 '순'이 바로 10을 나타내는 것이고 각각 일흔 살과 여든 살을 뜻해요. '순'은 '하나의 매듭이 끝났다.', '하나의 굽이를 넘었다.'라는 의미를 가지고 있어요. 10이 쓰인 예를 보면, 십년감수, 십시일반, 십중팔구, 십인십색 등이 있어요. '십 년이면 강산도 변한다.'는 말도 있지요.

▶12 (십이, 十二)

일 년이 열두 달로 이루어졌다는 건 잘 알고 있지요. 12는 일 년을 상징하는 수랍니다. 12가 쓰인 예를 보면 열두 폭 치마, 굿의 12거리 등이 있어요.

▶100 (백, 百)

100은 '무수히 많다'라는 의미를 담고 있어요. 100이 가리키는 숫자 자체보다는 '풍부함'을 나타낼 때 백을 사용해요. 백성의 뜻도 '백 명의 사람'이 아닌 '많은 사람'을 의미하지요. 이밖에 백과사전, 백화점도 그런 의미로 쓰였어요. 우리의 옛 이야기 속에도 100을 찾아볼 수 있지요. 단군 신화에 나오는 곰과 호랑이는 사람이 되기 위해 굴 안에서 100일을 보내야 했던 거 기억나지요?

동물은 각각 이런 뜻을 담고 있어요.

앞에서 숫자에 담긴 의미들을 살펴봤어요. 이번에는 숫자만큼이나 자주 등장하는 동물에 대해서 살펴봐요. 동물에는 어떤 의미가 담겼을까요?

▶새

우리 조상들은 새가 하늘과 땅 사이를 연결하는 신성한 동물이라고 생각했어요. 사람이 죽으면 영혼이 새를 타고 하늘로 올라간다고 믿었지요.
사람들은 새의 행동을 보고 앞으로 일어날 일을 점치기도 했어요. 영웅들의 탄생 이야기에도 새와 얽힌 이야기가 많이 있는데, 그만큼 새가 신성하게 여겨졌기 때문이에요. 지위가 높은 사람들과 큰 상을 받은 사람은 새의 깃털로 장식한 관을 쓰기도 했어요.

▶학

우리 조상들은 수많은 동물 가운데 학을 가장 귀하게 여겼어요. 학은 새 가운데 가장 오래 사는 새예요. 그래서 사람들은 장수라는 말을 '학수'라고 표현하기도 하지요. 학은 깨끗한 모습이 마치 선비의 높은 정신과 닮았다고 여겨졌어요. 그래서인지 문관들의 옷에는 학이 수놓아져 있었어요. 정3품 이상의 높은 벼슬은 학을 두 마리 수놓았고요, 정3품 아래부터 종9품까지는 학을 한 마리만 수놓았어요.

우리 조상들은 학을 의복뿐만 아니라 꽃병이나 가구, 필통 등에도 새겼답니다. 학은 단독으로 그려지기 보다는 구름과 꽃 그리고 불로초 등과 함께 표현됐어요. 이렇게 하면서 복이 찾아오기를 기원한 것이지요.

▶까치

학이 신비롭고 귀족적으로 여겨졌다면, 까치는 친근하면서도 서민적인 새에 속했어요. 계절과 상관없이 늘 우리 곁에 함께하는 정다운 새이지요. 우리 조상들은 옛날부터 까치를 길조로 여기고 무척 좋아했어요. 까치가 울면 반가운 손

쌍학흉배. 벼슬아치들의 관복에 그려 넣었던 학의 모습

님이 찾아온다고 믿었고, 은혜를 갚을 줄 아는 새라고도 믿었지요. 이런 까치에 대한 인식은 옛 이야기 속에서 어렵지 않게 찾아볼 수 있어요. '은혜 갚은 까치'는 물론이고 '견우직녀'에서도 오작교를 놔 주는 희생적인 까치가 나오지요.

반면에 까치와 이름이 유사한 까마귀는 좋은 대접을 받지 못했어요. 까마귀가 '까악 까악' 하고 울면 불길한 소식이나 죽음을 예고하는 것이라고 믿었지요. 지금도 까마귀에 대한 인식은 그리 좋지 않아요. 하지만 까마귀가 정말로 우리가 생각하는 것처럼 나쁜 새일까요? 그건 아니에요. 실제 까마귀는 굉장히 똑똑한 새라고 해요. 그리고 어미를 모실 줄 아는 효자 새랍니다. 까마귀의 실제를 모르고 이렇게 오해를 했으니 까마귀가 알면 억울하겠어요. 겉모습이 예쁘지 않다고 해서 나쁜 새로 인식해서는 안 되겠어요.

▶기러기

결혼을 하고 금실 좋게 사는 부부를 보고 떠올리는 새가 있어요. 아마도 암컷과 수컷 사이가 다정한 새겠지요? 사람들 중에는 잉꼬를 떠올리는 사람들이 있는데, 잉꼬는 서양 새예요. 우리 조상들은 잉꼬 대신에 기러기를 떠올렸어요. 기러기는 한 번 맺은 짝과 평생을 함께 하는 새예요. 혹 둘 중에 하나가 죽더라도 남은 하나는 새로 짝을 맺지 않고

혼례식 때 사용하는 나무로 만든 기러기

평생 홀로 살아요. 이런 기러기의 모습 때문에 우리 조상들은 혼례를 치를 때면 기러기 모양의 조각을 상징적으로 사용했어요. 신랑이 신부 집에 기러기 조각 한 쌍을 선물로 보내는 게 풍습이었지요.
여기에는 기러기처럼 오순도순하게 서로만을 바라보면 잘 살겠다는 약속이 담겨 있어요. 신랑 신부는 혼례에 찾아와 준 사람들 앞에서 기러기처럼 화목하게 살아가겠다는 약속을 하지요.

▶호랑이

우리나라는 옛날에 '호랑이의 나라'로 불렸어요. 국토 대부분이 산으로 이루어져서 호랑이가 많이 살았거든요. 그래서 호랑이는 우리 민족에게 무척 친숙한 동물이었어요. 지금은 국내에서 멸종되어서 동물원에서나 간신히 만날 수 있지만 말이에요.

호랑이는 옛 이야기 속에 자주 등장하는 동물이에요. 이야기를 읽다 보면 호랑이는 무서운 맹수 모습보다는 예의바르고 우스꽝스러운 모습으로 등장해요. 담뱃대를 물고 있거나, 사람은 물론이고 토끼나 까치 같은 약한 동물에게 골탕을 먹는 어리석은 모습으로도 묘사되지요. 옛날 우리 조상들은 용감해서 호랑이를 무섭게 여기지 않은 걸까요? 그건 아니에요. 사람들은 힘이 센 맹수 호랑이를 두려운 존재라고 여겼어요. 호랑이를 산신으로 여기고 제사를 올리는 경우도 있었지요. 호랑이가 나쁜 것을 물리치며 신령스러운 힘으로 지켜 준다고 생각했으니까요. 친숙하면서도 무시무시한 존재가 바로 호랑이였지요.

용과 호랑이는 옛 민화의 중요한 소재 중의 하나였다.

▶용

용은 어떻게 생긴 동물일까요? 머릿속에 그려지는 용의 모습이 있나요? 용은 실제로 존재하지 않는 상상 속의 동물이에요. 그럼에도 불구하고 우리가 용의 모습을 그려 볼 수 있는 것은 그만큼 용이 이야기나 벽화, 그림 등에 자주 나오기 때문이지요. 상상의 동물 중에서 으뜸이라고 할 만한 동물이 바로 용이지요. 용은 임금을 상징하는 동물이에요. 용은 힘이 센 동물로 임금의 권위를 보여 주기에 적합해요. 그래서 임금의 얼굴을 용안이라고 하고, 임금이 앉는 의자를 용상, 임금이 입는 옷을 용포라고 하지요.

뿐만 아니에요. 용은 권위도 있지만 신비로움을 상징하기도 해요. 물에서 태어난 용은 색을 마음대로 바꿀 수 있고, 몸의 크기도 마음껏 조정할 수 있어요. 세상에 어둠을 내리기도 하고 빛을 내리기도 하지요. 그래서 신화나 전설 속에 용이 종종 등장한답니다.

옛날 양반 집에서는 용을 그려서 문 밖에 걸어 두기도 했어요. 이렇게 하면 복을 집 안으로 끌어올 수 있다고 믿었거든요.

절을 지키는 수호신 용의 모습

왕비의 적의.
어깨와 가슴에 용그림이 수놓아져 있다.

고구려의 대를 이은 발해 이야기

당나라의 강압 정책에도 불구하고 고구려 유민들의 저항은 식지 않습니다.
걸걸중상은 고구려를 잇는 나라를 건국하기 위해
고구려 유민들을 이끌고 동쪽으로 이동하기 시작합니다.

고구려가 멸망한 뒤, 당나라는 고구려 사람들을 강제로 당나라로 이주시키는 등 온갖 탄압을 가했습니다. 그 때문에 고구려 유민들은 당나라에 대한 불만이 날로 높아졌습니다.

이때, 걸걸중상이라는 고구려 장수는 유민들을 모아 고구려를 되살리겠다고 결심했습니다.

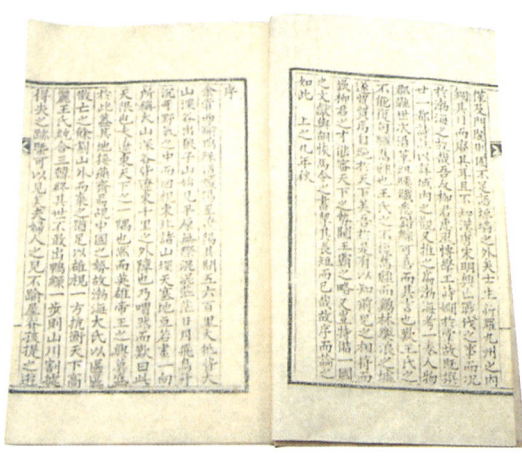

◐ 〈발해고〉.
조선 후기 유득공이 쓴 책

게다가 때마침 말갈족의 장수 걸사비우가 걸걸중상과 뜻을 같이하기로 마음먹고 수많은 말갈족을 이끌고 걸걸중상에게 왔습니다. 이에 걸걸중상은 걸사비우와 함께 당나라에 대항하여 고구려 회복 운동을 벌이기 시작했습니다.

그러자 불안해진 당나라의 측천무후는 즉

시 두 사람에게 사신을 보냈습니다.

"걸사비우를 허국공에 임명하노라. 또한 걸걸중상을 진국공에 임명할 것이니 나의 신하가 되어라!"

국공이라는 벼슬은 왕 바로 아래의 높은 벼슬이었습니다.

즉 측천무후는 두 사람에게 벼슬을 주고 일정한 지역의 땅을 다스리게 하여 당나라 휘하에서 대항하지 못하도록 할 생각이었습니다.

그러나 두 사람은 거절했습니다. 그리고 끝까지 싸우기로 결심했습니다.

이 소식을 전해 들은 측천무후는 거란의 장수 이해고를 불러 걸사비우와 걸걸중상의 목을 베어 오라고 명령했습니다.

걸걸중상과 걸사비우는 죽을 각오로 당나라 군사들과 맞섰습니다.

"맞서 싸워라. 절대 항복해서는 안 된다!"

그러나 역부족이었습니다. 용감하게 싸우던 걸사비우는 이해고 군사들과의 첫 싸움에서 전사하고 말았습니다. 이때 걸걸중상은 물러서지 않으려

측천무후

당나라 고종의 황후. 몸이 약한 고종을 대신하여 나랏일을 맡다가 고종이 죽자 아들 중종, 예종을 차례로 즉위시킵니다. 690년 국호를 '주'로 고쳐 스스로 황제를 칭하며 중국 역사상 유일한 여제가 됩니다.

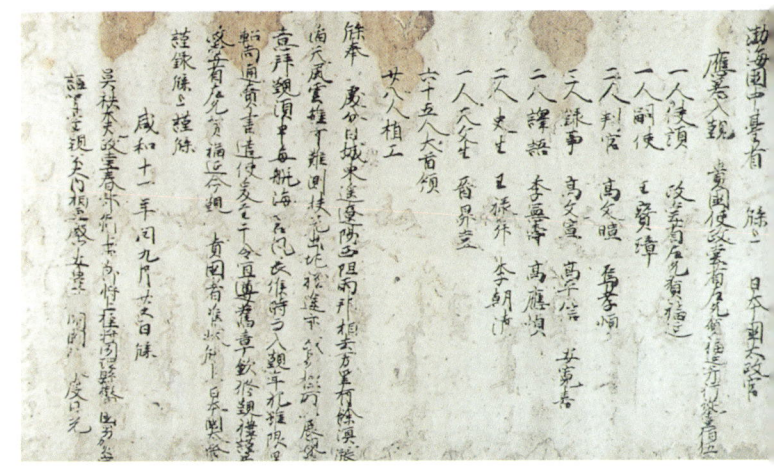

◐ 〈중대성첩사본〉. 발해는 통일 신라를 견제하기 위해 일본과 빈번한 교류가 있었다. 현재까지 그 증거로 오고갔던 외교 자료들이 남아 있으며, 위의 〈중대성첩사본〉은 그중 하나이다.

던 자신의 각오를 한풀 꺾지 않을 수 없었습니다.

"아아, 차라리 당나라의 손길이 미치지 않는 곳에 새 나라를 세우는 것이 나으리라."

그런 생각에 다다른 걸걸중상은 고구려 유민들과 말갈족을 이끌고 동쪽으로 향했습니다.

하지만 걸걸중상은 목적지에 이르지도 못한 채 쓰러졌습니다. 걸걸중상은 아들 조영을 불러 놓고 말했습니다.

"아들에게 부탁하노니 부디 내 뜻을 이어 옛 고구려를 되찾기 바라노라."

조영은 아버지의 유언을 받들어 군사들을 이끌고 계속 동쪽으로 이동했습니다. 그러면서 뒤쫓아오던 당나라 군사마저 기습해 당나라의 추격도 물리쳤습니다. 곧 조영은 동모산(지금의 길림성 부근이에요)에 이르렀습니다. 그리고 그곳에 나라를 세웠습니다. 나라의 이름은 '진(震)'이라 했고 자신의 성도 '대(大)'라 바꾸었습니다. 이때가 698년이었습니다.

이 날 대조영은 수많은 신하들과 백성들을 향해 말했습니다.

"우리는 고구려의 후손이다! 그러니 나·당 연합군에게 잃은 이 넓은 만주 벌판을 되찾는 일은 우리의 사명이로다. 자, 나와 함께 고구려 정신을 계승하도록 하자!"

그 말에 수많은 사람들은 환호성을 보냈고 예전에 고구려에 혼이 났던 당나라는 싸울 뜻을 포기하고 화친을 청했습니다. 그 뒤로 발해에 평화가 찾아왔습니다.

발해는 눈부시게 발전하여 대조영의 아들인 무왕이 임금이 되었을 때 발해의 영토는 더욱 넓어졌습니다. 더욱이 무왕은 당나라의 산둥 반도를 먼저 공격해 당나라의 등주지사를 살해하기도 했습니다. 뿐만 아니라 당나라의 요청을 받고 남쪽을 공격해 온 신라군도 물리쳤습니다.

그리고 3대 문왕이 임금의 자리에 올랐을 때에는 5경 15부의 지방 제도가 완전히 갖추어졌고, 영토는 동북쪽으로 연해주를 지나 흑룡강에 이르렀습니다. 서쪽으로는 압록강 하류로부터 구련성을 거쳐 거란과 요동에 닿았으며 남

◐ 발해의 석등.
높이 6m로 발해인의 웅장한 기상을 엿보게 해 준다.

쪽으로는 대동강까지 그 세력을 뻗쳐 신라와 맞섰습니다.

문왕은 도읍을 동모산에서 상경 용천부로 옮겼다가 다시 동경 용원부로 옮겼습니다.

이 무렵에는 아주 커다란 토성까지 지었습니다. 토성은 길이가 40리를 넘었고, 내성과 외성으로 이루어져 있었습니다. 성 중앙에는 주작 대로를 중심으로 시가지가 질서 정연하게 잘 구분되도록 했습니다.

그리고 특별 관청을 두었는데, 중정대·문적원·사빈사·주자감의 기관에서는 왕을 보좌하였습니다. 관리는 모두 8등급으로 나뉘어져 있었으며 지도층은 대부분 고구려의 귀족이었고 백성과 군사들은 모두 말갈족이었습니다. 군사 제도는 10위를 설치하고 항상 10만 명의 군사를 두었습니다. 이 제도의 대부분은 발전된 당나라의 제도를 모방한 것이었습니다. 제도를 완성한 발해는 산업을 발전시키는 데 온 힘을 기울였습니다.

발해는 당나라와 화친을 맺은 뒤 등주에 발해관이라는 관청을 설치해 무역을 하였습니다.

이곳을 통해 발해는 당나라에 모피

◐ 조선 후기에 그려진 발해 지도

와 인삼, 그리고 말을 수출했습니다.

그리고 비단과 실을 비롯한 명주 등을 수입했습니다.

발해는 이어 일본과 국교를 맺고 무역을 서둘렀습니다. 그것은 신라를 견제하는 데에도 도움이 되었습니다.

이윽고 10대 선왕 때에 이르러 발해는 '해동성국'이라 불렸습니다. '해동성국'은 바다 동쪽에 있는 '강성한 나라'라는 뜻이었습니다.

그러나 925년 12월, 거란이 발해를 공격하기 시작했습니다. 당나라의 혼란을 틈타 중국을 점령하기 위해서 먼저 발해를 없애기로 한것이지요. 그런데 뜻밖에도 발해는 거란의 침입에 제대로 대처하지 못했습니다. 그 무렵 발해는 내분에 휩싸여 있었기 때문이었습니다. 곧 발해의 성이 차례로 공격을 당해 무너졌고 이듬해 발해는 도읍마저 내주었습니다.

대조영이 발해를 건설한 지 228년 만인 926년의 일이었습니다.

✓ **선왕**

818년부터 830년까지 발해를 다스린 10대 발해왕. 고구려 옛 땅의 대부분을 회복하였으며 중국 당나라 제도를 모방하여 행정 구역을 개편하여 발해의 전성기를 이룩하였습니다.

저기요, 선생님! **이런 게 궁금해요**

고구려의 대를 이은 발해 이야기

 ### 발해 사람들은 무엇을 먹었을까요?

발해는 북쪽에 위치해 있어서 날씨가 추웠습니다. 따라서 논농사에 적합하지 않은 기후였지요. 그래서 주식은 조, 보리, 기장, 콩, 메밀, 수수 등과 같은 잡곡이었습니다. 경작의 흔적이 그 증거가 되고 있지요. 또 이런 잡곡을 경작하는 데 사용되었던 '보습'이라는 기구와 맷돌, 저장 창고 등도 기록으로 남아 있습니다. 이런 곡식 외에도 발해 사람들은 말이나 소, 개를 먹었으며 거위, 독수리, 비버, 곰, 사슴, 염소, 멧돼지, 호랑이, 너구리, 늑대 등을 먹었습니다. 발해 성터에서 발견되는 뼈를 분석한 결과 알 수 있었지요. 뿐만 아니라 동해와 접해 있었기 때문에 다시마를 비롯한 해산물을 즐겨 먹었으며 게, 문어, 고래 눈알이 특산품이었다고 합니다.

◐ 삼채병. 당삼채를 본따 만든 것으로 노란색, 갈색, 녹색, 자색 등의 유약이 사용되었음을 확인할 수 있다.

 ### 발해 최고의 옷은 무엇으로 만들었을까요?

발해 사람들 중 나라를 위해 일하는 관리들은 지위에 따라 자주색, 붉은색, 녹색 등 색으로 지위를 구분하여 옷을 입었습니다. 보통 옷감으로는 마포, 면포, 명주 등을 사용하였으며 동물 가죽도 이용되었지요. 그 중에서도 담비 가죽을 최고로 쳤다고 합니다. 그밖에 팔찌, 반지, 귀걸이, 구슬 등의 장신구들도 많이 발견되었습니다.

◐ 발해 옷. 왼쪽부터 시위복식, 악사복식, 청동인물상복식

고구려를 계승한 발해의 집

발해는 중심 지역에 성을 쌓고 그 안에 집들을 지어 살았습니다. 외적의 침입을 막기 위해서지요. 성은 유약을 바른 기와를 사용하여 화려하게 치장되었습니다. 그러나 보편적으로 모든 건물에 기와가 사용되었던 것은 아니고 궁전이나 관청, 절에서만 사용되었습니다. 그중에서도 '막새 기와'는 고구려 양식의 문양이 많았으며 이를 통해서 지배 계층이나 승려 계급에 고구려 사람들이 많았음을 알 수 있지요. 온돌 양식도 고구려의 양식을 계승하고 있어요.

그 외에 일반인들은 중심에서 벗어난 지역에 집을 짓고 살았습니다. 땅 위에 설치된 집이나 반 지하식의 집이었지요. 움집의 형태로 대체로 사각형의 형태를 하고 있답니다.

놀이로 전쟁을 준비한다고요?

발해 사람들은 활쏘기, 타구, 격구 등을 놀이로 삼으면서 용맹을 길렀습니다. 이는 고구려 벽화에서도 볼 수 있지요. 타구는 페르시아에서 당나라를 통해 발해로 전해진 놀이로 지금의 하키와 비슷한 경기입니다. 막대기를 가지고 공을 굴리는 경기이지요. 격구는 지금의 폴로와 비슷한 경기로 말을 탄 채로 하는 공놀이랍니다. 지리 여건 상 사냥을 하여 끼니를 채우고 북쪽에 위치해 대륙과 여러 부족의 침략을 받던 발해 사람들은 이런 놀이를 통해 전쟁을 대비하였습니다.

◐ 당나라 격구도.
격구는 당나라에서 전해져 발해 사람들도 즐겼던 놀이이다.

두 번째 통일을 이루어 낸 왕건

신라 왕실이 혼란한 틈을 타 궁예는 후고구려를, 견훤은 후백제를 세웁니다.
그 뒤 후고구려의 왕건이 타락한 궁예를 몰아내면서
후삼국 시대가 끝나고 새 나라, 고려가 시작됩니다.

폭군 궁예를 치고 백성을 구하라

왕건이 스무 살 되었을 무렵, 이미 신라는 멸망의 길을 걷고 있었습니다.

진성 여왕(887년 즉위)은 나라를 다스리지 않고 날마다 잔치만 벌였고, 귀족들 역시 백성을 살피지 않았습니다. 오로지 자신의 재산을 모으느라 바빴습니다. 그런 탓에 곳곳에서 반란이 일어났습니다. 산과 들에는 도적 떼가 들끓었습니다.

신라 왕실에 대항한 반란의 무리 중 특히 궁예와 견훤이 이끄는 세력이 눈에 띄게 커졌습니다. 군사들도 함부로 상대하지 못할 정도였습니다.

궁예의 세력은 대단했습니다.

어릴 때부터 무예를 익힌 궁예는 양길의 장수로 활약하며 가는 곳마다 승리했습니다. 그러자 주변(경기도와 그 북쪽 지방)의 많은 호족(중앙 귀족이 아닌 지방의 토착 세력을 말해요.)들이 궁예를 따르겠노라 맹세했습니다.

이 무렵, 왕건의 아버지 왕륭도 아들 왕건을 데리고 궁예에게 가서 신하의 예를 올렸습니다. 세력이 커진 궁예는 자신을 장수로 만들어 준 양길의 무리와도 싸워 이기면서 더 큰 세력을 과시하게 되었습니다.

이 싸움에서 궁예는 왕건을 대장수에 임명했습니다.

이어 898년(효공왕 2년), 왕건은 궁예의 명령을 받아 송악(지금의 개성)에 궁궐을 쌓았고, 900년(효공왕 4년)에는 청주와 괴산 지방을 공격해 손에 넣었습니다.

궁예는 왕건의 공을 인정해 아찬이라는 높은 벼슬을 내렸습니다.

이윽고 901년, 궁예는 나라의 이름을 후고구려라 정하고 스스로 임금의 자리에 올랐습니다.

한편, 견훤은 궁예보다 앞서 900년에 후백제를 세웠습니다.

◐ 후삼국 시대에 성이나 요새를 공격할 때 쓰던 기구(모형)

이로써 후삼국 시대가 열렸습니다.

궁예는 904년에 국호를 '마진'으로 바꾸었다가 911년에 '태봉'으로 또 바꾸었습니다. 그동안 왕건은 궁예를 임금으로 받들며 충성을 다했습니다. 예전에 궁예가 그랬듯이 왕건은 싸움에서도 늘 이겼습니다. 그런 왕건을 궁예는 자랑스러워 했습니다.

"아아, 나의 여러 장수들 중 누구를 왕건에 비할 것인가? 과연 최고의 명장이로다."

특히 왕건이 금성(지금의 나주)을 공략해 후백제의 바닷길을 가로막고 서해의 해상권을 독차지했을 때는, 대아찬이란 큰 벼슬을 내려 공을 높이 샀습니다.

이후로도 왕건에 대한 궁예의 신임은 점점 커졌고, 마침내 왕건은 시중이라는 최고의 벼슬에 오르게 되었습니다.

그러나 얼마 지나지 않아 궁예는 인심을 잃었습니다.

처음에는 군사들과 함께 잠을 자며 그들의 아픈 데를 어루만져 주던 궁예는 시간이 흐르자 점차 거만해지고 나태해졌기 때문입니다.

건이 예뻐..

또 도읍을 송악에서 철원으로 옮기면서 아주 큰 궁궐을 지었는데, 이때 백성들을 강제로 데려다가 일을 시켰기 때문입니다. 여기에 더하여 궁예는 호화롭고 사치스러운 생활을 일삼았습니다. 그러자 백성들이 손가락질하기 시작했고, 나중에는 그를 따르던 장수와 병사들도 하나둘씩 고개를 돌렸습니다.

반면, 왕건을 따르는 병사와 백성들은 갈수록 늘어났습니다.

이즈음부터 궁예는 왕건을 의심하기 시작했습니다.

'혹시, 왕건이 나를 내쫓고 자기가 왕이 되려 하는 건 아닐까? 아니 되지. 절대 그럴 수는 없지. 제까짓 것이 감히 날 넘보다니!'

생각이 여기에 이른 궁예는 마침내 전쟁터에 나가 있던 왕건을 궁궐로 불렀습니다. 그러고는 다짜고짜 다그쳤습니다.

"이보게 왕건, 그대가 일전에 장수와 병사들을 모아 반란을 일으키려 했다는데 그게 사실인가?"

왕건은 궁예의 눈을 똑바로 바라보며 말했습니다.

"터무니없는 풍문에 불과합니다. 소인이 어찌 폐하에게 그런 무례한 마음을 먹겠습니까?"

궁예가 다시 물었습니다.

◐ 죽주산성

✓ **죽주산성**

궁예가 임금이 되기 전 치열한 전투를 벌였던 죽주산성은 서울로 통하는 요지로 고려 때 몽고군과의 전투에서 방호별감 송문주와 백성들이 힘을 모아 몽고군을 물리친 전적지로도 유명합니다.

○ 부석사

✓ **부석사와 궁예**

궁예는 자신의 출생 비밀을 알고 난 뒤 신라에 대한 원한에 사로잡혔습니다. 한번은 부석사에 들렀다가 신라 왕의 화상이 걸려 있는 것을 보고 칼을 휘둘러 화상에 그려진 왕의 얼굴에 상처가 났다고 해요.
원래 궁예는 왕자로 태어났어요. 하지만 태어나면서부터 이가 나 있어, 이것을 본 일관(점을 쳐서 나랏일을 보는 사람)이 부정하다 하여 왕은 아이를 내다버리라고 명령합니다. 하지만 아기를 불쌍히 여긴 유모가 데리고 도망치다가 눈을 찔러 한쪽 눈을 잃었다는 이야기가 전해집니다. 하지만 궁예의 아버지가 어떤 왕인지는 정확히 알려져 있지 않습니다.

"자네는 지금 내게 거짓을 고하고 있어. 다른 사람은 몰라도 나를 속이지는 못하지. 내게는 사람의 마음을 꿰뚫어 보는 능력이 있단 말이야. 내 이제부터 정신을 집중해 그대의 정신을 꿰뚫어 보리다. 만약 그대의 말이 거짓이라면 그대는 살아남지 못할 것이야."

참으로 어이없는 일입니다만, 왕건은 바짝 긴장하지 않을 수 없었습니다. 당시 궁예는 마음을 꿰뚫어 본다고 하면서 종종 죄 없는 사람들을 죽였기 때문입니다.

궁예가 지그시 눈을 감은 채 하늘을 향해 고개를 쳐들고 있는 동안, 왕건의 마음은 바짝 타 들어가고 있었습니다.

'이렇게 죽을 수는 없다. 결코 그럴 수는 없다……'

그런데 바로 그때, 사관(역사를 기록하는 사람이에요) 최응이 붓을 떨어뜨렸습니다.

'또르르르.'

붓은 왕건의 발 옆에서 멈추었고, 최응은 붓을 줍는 척하며 왕건에게 속삭였습니다.

"장군, 역모를 꾀했다고 말하십시오. 그래야 살 수 있을 것입니다."

당치 않은 소리였지만 왕건은 어쩔 수 없다고 생각했습니다.

"폐하, 죽을 죄를 지었사옵니다. 소인이 역모를 꾀했나이다. 부디 용서하여 주시옵소서."

왕건이 무릎을 꿇고 고하자, 궁예가 눈을 번쩍 뜨고는 크게 웃었습니다.

"푸하하하. 그것 보라. 내 사람의 마음을 꿰뚫어 보는 재주가 있다고 하지 않았느냐? 솔직히 고백하니 이번만은 특별히 용서해 주겠노라. 하지만 다음에 또 이런 일이 있을 때에는 절대 용서하지 않을 것이니라."

이후에도 궁예는 날이 갈수록 더욱 난폭해졌습니다.

그런 궁예의 모습을 보다 못한 부인이 나라를 잘못 다스

✔ **궁예의 관심법**

불교에서 관심법은 자신의 마음 상태를 바라보는 자기 성찰을 통한 수행의 의미예요. 하지만 궁예는 이를 악용하여 자신은 미륵불이며, 남의 마음을 꿰뚫어 볼 수 있는 '미륵 관심법'이 있다고 하여 무고한 사람들을 함부로 죽였다고 합니다.

리고 있음을 고하자, 부인과 아들마저 죽이고 말았습니다.

나라 안 모든 백성이 불안에 떨며 살던 어느 날, 왕건을 따르던 배현경과 복지겸, 그리고 신숭겸 등의 장수들이 왕건을 찾아왔습니다.

"장군, 궁예는 미쳤소이다. 우리가 궁예를 내몰고 나라를 바로 세웁시다."

"옳습니다. 제 처와 자식까지 죽인 사람에게 나라를 맡길 수는 없습니다."

왕건은 걱정스런 표정으로 물었습니다.

"어떻게 왕을 내쫓는단 말이오. 그리고 누구를 임금으로 모신단 말이오?"

그러자 장수들이 일제히 대답했습니다.

"바로 장군이올시다. 어서 일어나 새 나라를 세우시옵소서."

왕건은 뜻밖의 말에 놀랐습니다. 무슨 말을 해야 할지 몰랐습니다. 그때, 밖에서 장수들의 말을 들은 왕건의 부인이 문을 열고 들어왔습니다. 그러고는 묵묵히 벽장 안의 갑옷을 꺼내 왕건에게 입혀 주었습니다.

"장군, 여기 있는 장수들의 뜻이자, 백성들의 뜻이옵니다."

다음 날 새벽, 왕건과 장수들은 군사를 이끌고 궁궐로 향했습니다. 길가에는 수많은 백성들이 나와 환호성을 지르며 왕건과 그의 군사들을 반겼습니다.

이 소식은 즉시 궁예에게도 알려졌습니다.

"뭣이? 왕건이 반란을 일으켰다고! 흐흐흐. 그것 보거라. 내가 무어라고 했느냐? 나는 사람의 마음을 꿰뚫어 본다고 하지 않았느냐."

궁예는 마치 정신이 나간 사람 같았습니다.

"폐하, 어서 자리를 피하셔야 하옵니다."

신하가 말하자, 궁예는 이를 갈며 말했습니다.

"으음. 하는 수 없구나. 내 오늘은 일단 피하지만 반드시 돌아와서 갚으리라. 내 꼭 왕건의 목을 비틀어 버리고 말리라."

하지만 궁예는 다시는 궁궐로 되돌아오지 못했습니다. 사람들의 눈을 피해 달아나던 궁예는 백성들에 의해 피살당했다고 합니다.

◯ 신숭겸 장군 상(위)과 후백제군과 전투중인 신숭겸 장군(오른쪽)

왕건, 다시 삼국을 통일하다

이윽고 왕건은 장수들의 추대로 임금의 자리에 올랐습니다(918년).

왕건은 나라의 이름을 '고려(高麗)'라 지었습니다. 고구려의 뒤를 잇겠다는 뜻입니다. 연호는 '천수(天授)'라 했고, 도읍은 개경(지금의 개성)으로 옮겼습니다.

고려 태조 왕건은 후백제와 신라를 고려의 땅으로 만들고 싶었습니다. 신라는 이미 싸울 군사조차 제대로 갖추어져 있지 않아 별문제가 아니었지만 후백제는 달랐습니다. 견훤이 이끄는 후백제 군대는 여전히 강했습니다.

처음에는 고려와 후백제는 서로 볼모(인질과 같은 말이에요)를 교환하며 화친을 맺기도 했지만, 오래 가지는 못했습니다. 왜냐 하면 고려에 볼모로 간 진호(견훤의 사위예요)가 죽자, 견훤이 후백제에 볼모로 있던 왕신(왕건의 6촌 동생이죠)을 죽이고 전쟁을 일으켰기 때문입니다.

그러나 하늘은 왕건의 편이었습니다. 935년, 후백제에서 내분이 일어난 것입니다. 후백제의 임금 견훤에게는 여러 명의 아들이 있었는데, 견훤은 넷째 아들 금강을 특히 예뻐했습니다. 임금 자리도 금강에게 물려주려고 마음먹을 정도였습니다. 견훤은 양검과 용검을 지방의 도독(지방 관리를 말해요)으로 내보내고 금강을 옆에 두었습니다.

이때 신검은 아버지의 속마음을

○ 견훤이 유폐되었던 금산사 미륵전

꿰뚫어 보고는 아주 못마땅하게 생각했습니다. 결국 신검은 능환이라는 신하와 짜고 아버지 견훤을 강제로 금산사로 내쫓은 뒤, 금강을 죽였습니다.

그런데 뜻밖에도 이 사건은 왕건에게 큰 선물을 가져다 주었습니다. 견훤이 금산사에서 도망쳐 왕건에게로 간 것입니다. 왕건을 만난 견훤은 분이 풀리지 않은 듯 말했습니다.

"아아, 아버지를 내쫓은 패륜아를 내 손으로 벌하게 해 주시오. 아직도 나를 따르는 후백제의 군사들이 많으니 내가 앞장 서 신검의 군대를 공격한다면 틀림없이 군사들은 무기를 버릴 것이오."

그런데 이 즈음, 신라의 마지막 임금 경순왕이 스스로 고려 항복하고 왕건을 찾아 왔습니다(935년).

왕건은 때가 되었다고 판단하고 귀순한 견훤을 앞세워 후백제를 공격했습니다. 과연 견훤의 말대로 후백제의 군사들 중 많은 수가 견훤을 보더니 무기를 버리고 항복해 왔습니다.

왕건은 그들을 모두 받아들이고 신검의 군대를 공격해 전멸시켰습니다.

이로써 왕건은 다시금 삼국통일의 위업을 달성했던 것입니다(936년).

◉ 신라의 마지막 임금인 경순왕릉

저기요, 선생님! 이런 게 궁금해요

두 번째 통일을 이루어 낸 왕건

 ### 29명의 부인을 둔 왕건

🔆 담무갈보살에게 절하는 고려 태조
1307년(충렬왕 33) 22.4×10.1cm

왕건의 부인이 29명이나 된다는 사실! 알고 있나요? 왕건이 29명의 부인을 둘 수밖에 없었던 이유가 있어요. 고려가 세워졌지만 호족들은 왕건의 말을 듣지 않고 제멋대로 행동했어요. 왕건 역시 지방 호족 출신이었거든요. 호족 입장에서는 왕건을 왕으로 모실 필요가 없다고 여긴 거지요. 게다가 호족들은 많은 토지를 소유하고 있었기 때문에 경제력을 갖추고 있었고, 군사도 충분히 가지고 있었어요. 왕건이 전혀 무서울 리 없었지요.

왕건은 나라를 안정감 있게 발전시키기 위해서 힘을 하나로 집중시킬 필요가 있었지요. 그래서 선택한 것이 바로 지방 호족의 딸을 아내로 맞이하는 거였어요. 호족들도 반대할 이유가 없었지요. 왕과 사돈을 맺으면 자신의 지위도 높아지고 힘도 세질 테니까 말이에요.

왕건은 지방 호족 가운데 힘이 센 호족을 중심으로 혼인을 하기 시작했어요. 이렇게 혼인을 하다 보니 어느새 29명의 부인이 생기게 됐답니다. 이 가운데 왕후만 6명이었어요. 나머지는 후궁이었지요.

왕건의 혼인 정책은 과연 성공했을까요? 지방 호족들은 왕건의 말을 잘 따르기 시작했어요. 왕건은 혼인으로 힘을 중앙으로 모으고 왕권을 강화시켰지요. 단, 왕건이 죽고 난 이후 왕자들의 왕위 다툼은 피할 수 없었어요.

왕건도 풍수지리설에 따라 왕이 되었다는데 과연 풍수지리설이란 무엇인가요?

산과 물 등의 생김새를 보고 인간 사회의 길흉화복을 해석하는 것이 바로 풍수지리설이에요. 풍수지리설은 신라 후기에 당나라로부터 들어온 사상이에요. 도선이라는 사람이 쓴 〈도선비기〉라는 책은 풍수지리설과 관련된 책이에요. 이 책에는 풍수지리를 통해 우리나라의 앞날이 어떻게 변화할 것인가에 대해 예언이 적혀 있어요. 그래서 나라의 위기가 닥칠 때면 이 책을 꺼내 보는 사람들이 많았어요. 그만큼 많은 사람들이 풍수지리설을 믿고 있었던 거예요.

옛날 조상들은 건물을 짓거나 묘지를 잡거나 궁을 세울 때 무척 신중했어요. 기운이 왕성한 곳에 자리를 잡아야 복이 온다고 믿었으니까요. 그래서 명당을 찾는 일은 무척 중요했어요.

왕건의 경우에도 풍수지리설에 따라 태어난 왕이에요. 왕건의 아버지는 왕륭이라는 사람으로 지방 호족이었어요. 왕륭은 개성 근처 예성강 부근에서 살았지요. 그는 왕건이 태어나기 전인 887년에 새로 지을 집터를 닦고 있었어요. 그때 근처를 지나던 스님이 왕륭에게 말을 걸었지요.

"이런! 기장 심을 자리에 삼을 심다니요. 집터를 더 넓게 잡고, 서른여섯 채의 집을 지으세요. 그렇게 하면 큰 인물이 태어날 겁니다."

왕륭은 스님의 말대로 했고, 그렇게 해서 태어난 아이가 바로 왕건이지요. 이 밖에도 풍수지리설을 따른 사례는 무척 많아요. 세종 대왕의 묘도 풍수지리설에 따라 옮겨졌어요. 본래 있던 곳에서 좋은 명당 자리로 말이지요. 그런데 그 명당 자리는 원래 임자가 있던 땅이래요. 하지만 왕실에서 이 자리를 빼앗았다는 얘기가 전해집니다.

🔽 풍수지리설에 따라 묘를 옮겼다는 영릉(세종대왕릉)